भारत रतन
अटल बिहारी वाजपेयी

भारत रतन
अटल बिहारी वाजपेयी

कृष्णा

First published in India in 2020 by
Krishna Publisher

ISBN: 978-93-874851-3-6

Krishna Publisher
RTB 157, Royal Tower Shipra Sun City,
Indirapuram, Ghaziabad 201014

E-mail: Krishnapublisher@gmail.com

Printed and Bound in
Delhi

₹ 690/-

प्रस्तावना

श्री अटल बिहारी वाजपेयी साहसी, दूरदर्शी, महत्वाकांक्षी, सफल वक्ता, जुझारू कवि और अद्भुद नेत्रृत्व एवं कार्यक्षमता से भरपूर बेहद शालीन राजनेता थे। ऐसी अद्भुद क्षमताओं वाले पुरुष इस संसार में विरले ही जन्म लेते हैं। अटलजी यदि ग्वालियर के गौरवदीप हैं तो वहीं वे भारत के अमोल रत्न भी हैं। अटलजी से जुड़ी अनेक स्मृतियां करोड़ों लोगों के स्मृति पटल पर आज भी अजर-अमर हैं।

भारत के सर्वाधिक करिश्माई नेताओं में शुमार अटल बिहारी वाजपेयी का देश के राजनीतिक पटल पर एक ऐसे विशाल व्यक्तित्व वाले राजनेता के रूप में सम्मान किया जाता है जिनकी व्यापक स्तर पर स्वीकार्यता है और जिन्होंने तमाम अवरोधों को तोड़ते हुए 90 के दशक में राजनीति के मुख्य मंच पर भाजपा को स्थापित करने में महत्वपूर्ण भूमिका निभाई।

एक लम्बे इंतजार के बाद अटलजी पहले गैर-कांग्रेसी प्रधानमंत्री बने। वे जब प्रधानमंत्री बने तो संघ ने ही नहीं उन्होंने स्वरां ताकत से और स्नेह से कहा कि मैं राष्ट्रीय स्वयंसेवक संघ का स्वयंसेवक हूं। वे संकल्प के धनी हैं। जनता पार्टी बनी तो राष्ट्रहित में जनसंघ विसर्जित कर दिया और जब दोहरी सदस्यता का सवाल खड़ा किया तो साफ शब्दों में कहा कि जिस आंचल में बचपन बीता, उसे कैसे छोड़ सकते हैं।

अपनी वाणी के ओज और ठोस फैसले लेने के लिए विख्यात वाजपेयी को भारत-पाकिस्तान मतभेदों को दूर करने की दिशा में ठोस कदम उठाने का श्रेय दिया जाता है। अपने इन ठोस कदमों के साथ वह भाजपा के 'राष्ट्रवादी राजनीतिक एजेंडे' से परे जाकर एक व्यापक फलक के राजनेता के रूप में जाने जाते हैं।

—लेखक

अनुक्रम

1

जीवन-वृत्त

अटल बिहारी वाजपेयी भारत के पूर्व प्रधानमंत्री हैं। वे पहले 16 मई 1996 से 1 जून 1996 तथा 19 मार्च 1998 से 22 मई 2004 तक भारत के तीन बार प्रधानमंत्री रहे। वे भारतीय जनसंघ की स्थापना करने वालों में से एक हैं और 1968 से 1973 तक उसके अध्यक्ष भी रहे। वे जीवन भर भारतीय राजनीति में सक्रिय रहे। उन्होंने लम्बे समय तक राष्ट्रधर्म, पांचजन्य और वीर अर्जुन आदि राष्ट्रीय भावना से ओत-प्रोत अनेक पत्र-पत्रिकाओं का सम्पादन भी किया। उन्होंने अपना जीवन राष्ट्रीय स्वयंसेवक संघ के प्रचारक के रूप में आजीवन अविवाहित रहने का संकल्प लेकर प्रारम्भ किया था और देश के सर्वोच्च पद पर पहुँचने तक उस संकल्प को पूरी निष्ठा से निभाया। वाजपेयी राष्ट्रीय जनतांत्रिक गठबंधन सरकार के पहले प्रधानमन्त्री थे जिन्होंने गैर काँग्रेसी प्रधानमन्त्री पद के 5 साल बिना किसी समस्या के पूरे किए।

उन्होंने 24 दलों के गठबंधन से सरकार बनाई थी जिसमें 81 मन्त्री थे। कभी किसी दल ने आनाकानी नहीं की। इससे उनकी नेतृत्व क्षमता का पता चलता है। सम्प्रति वे राजनीति से संन्यास ले चुके हैं और नई दिल्ली में 6-ए कृष्णामेंनन मार्ग स्थित सरकारी आवास में रहते हैं।

जन्म एवं परिवार

उत्तर प्रदेश के आगरा जनपद के सुप्रसिद्ध प्राचीन तीर्थस्थान बटेश्वर में एक वैदिक-सनातन धर्मावलंबी कान्यकुब्ज ब्राह्मण परिवार रहता था। श्रीमद्‍भगवतगीता और रामायण इस परिवार की मणियाँ थीं। अटलजी के पितामह प. श्यामलाल जी बटेश्वर में ही जीवनपर्यंत रहे किंतु अपने पुत्र कृष्ण बिहारी को ग्वालियर में बसने की सलाह दी। ग्वालियर में अटलजी के पिता पं. कृष्ण बिहारी जी अध्यापक बने। अध्यापन के साथ-साथ वे काव्य रचना भी करते थे। उनकी कविताओं में राष्ट्रप्रेम के स्वर भरे रहते थे। सोते हुए सिंह के मुख में हिरण कहीं घुस जाते प्रसिद्ध पंक्ति उन्हीं की है।

वे उन दिनों ग्वालियर के प्रख्यात कवि थे। अपने अध्यापक जीवन में उन्नति करते-करते वे प्रिंसिपल और विद्यालय-निरीक्षक के सम्मानित पद पर पहुँच गए। ग्वालियर राजदरबार में भी उनका मान-सम्मान था अटलजी की माताजी का नाम श्रीमती कृष्णा देवी था।

ग्वालियर में शिंदे की छावनी में 25 दिसम्बर 1924 को ब्रह्ममुहूर्त में अटलजी का जन्म हुआ था। पं. कृष्ण बिहारी के चार पुत्र अवध बिहारी, सदा बिहारी, प्रेम बिहारी, अटल बिहारी तथा तीन पुत्रियाँ विमला, कमला, उर्मिला हुईं। परिवार भरा-पूरा था।

परिवार का विशुद्ध भारतीय वातावरण अटलजी की रग-रग में बचपन से ही रचने-बसने लगा। वे आर्यकुमार सभा के सक्रिय कार्यकर्ता थे। परिवार संघ के प्रति विशेष निष्ठावान था। परिणामतः अटलजी का झुकाव भी उसी ओर हुआ और वे राष्ट्रीय स्वयंसेवक संघ के स्वयंसेवक बन गए। वंशानुक्रम और वातावरण दोनों ने अटलजी को बाल्यावस्था से ही प्रखर राष्ट्रभक्त बना दिया। अध्ययन के प्रति उनमें बचपन से ही प्रगाढ़ रुचि रही।

अटलजी की बी.ए. तक की शिक्षा घ्वालियर में ही हुई। वहाँ के विक्टोरिया कॉलेज (आज लक्ष्मीबाई कॉलेज) से उन्होंने उच्च श्रेणी में बी.ए. उत्तीर्ण किया। वे विक्टोरिया कॉलेज के छात्र संघ के मंत्री और उपाध्यक्ष भी रहे। वाद-विवाद प्रतियोगिताओं में सदैव भाग लेते थे। ग्वालियर से आप उत्तरप्रदेश की व्यावसायिक नगरी कानपुर के प्रसिद्ध शिक्षा केंद्र डी.ए.वी.कॉलेज आए। राजनीतिशास्त्र से प्रथम श्रेणी में एम.ए. की परीक्षा उत्तीर्ण की। एलएलबी की पढ़ाई को बीच में ही विराम देकर संघ के काम में लग गए।

विद्यार्थी जीवन

अटल बिहारी वाजपेयी के पिता पंडित कृष्ण बिहारी वाजपेयी शिक्षण व्यवसाय से सम्बन्धित थे, इस कारण इन्हें कई स्थानों पर रहना पड़ता था। लेकिन अटलजी की आरम्भिक शिक्षा बड़नगर के गोरखी विद्यालय में सम्पन्न हुई। बड़नगर में इनके पिता प्रधानाध्यापक के पद पर थे। इस विद्यालय में अटलजी ने आठवीं कक्षा तक की शिक्षा प्राप्त की। वक्ता के रूप में इन्हें इसी विद्यालय से पहचान प्राप्त हुई थी। जब वह कक्षा पाँच में थे तब पाठ्येतर गतिविधियों के अंतर्गत उन्होंने प्रथम बार भाषण दिया था। लेकिन बड़नगर में उच्च शिक्षा व्यवस्था न होने के कारण अटलजी को ग्वालियर जाना पड़ा। इनका नामांकन विक्टोरिया कॉलेजियट स्कूल में हुआ। नौवीं कक्षा से इंटरमीडिएट तक की पढ़ाई अटलजी ने इसी विद्यालय से पूर्ण की। इस विद्यालय में रहते हुए उनकी वाद-विवाद सम्बन्धी प्रतिभा को उचित प्रवाह प्राप्त हुआ। वह वाद-विवाद प्रतियोगिताओं में प्रथम भी आए। महात्मा रामचन्द्र वीर द्वारा रचित अमर कृति "विजय पताका" पढ़कर अटलजी के जीवन की दिशा ही बदल गयी।

इंटरमीडिएट करने के बाद अटलजी ने विक्टोरिया कॉलेज में स्नातक स्तर की शिक्षा ग्रहण करने के लिए प्रवेश लिया। स्नातक स्तर की शिक्षा हेतु उन्होंने तीनों विषय भाषा पर आधारित लिए जो संस्कृत, हिन्दी एवं अंग्रेजी थे। अटलजी की साहित्यिक प्रकृति थी, जिससे वह तीनों भाषाओं के प्रति आकृष्ट हुए। कॉलेज जीवन में ही इन्होंने राजनीतिक गतिविधियों में हिस्सा लेना आरम्भ कर दिया था। शुरू में वह छात्र संगठन से जुड़े। नारायण राव तरटे ने इन्हें काफी प्रभावित किया, जो राष्ट्रीय स्वयं सेवक संघ के प्रमुख कार्यकर्ता थे। ग्वालियर में रहते हुए अटल बिहारी वाजपेयी ने राष्ट्रीय स्वयं सेवक संघ के शाखा प्रभारी के रूप में अपने दायित्वों की पूर्ति की। कॉलेज जीवन में उन्होंने कविताओं की रचना करना आरम्भ कर दिया था। इनकी साहित्यिक अभिरुचि उसी समय काफी परवान चढ़ी। इनके कॉलेज में अखिल भारतीय स्तर के कवि सम्मेंलनों का भी आयोजन होता था। इस कारण से कविता की गहराई समझने में इन्हें काफी मदद मिली। 1943 में वाजपेयी जी कॉलेज यूनियन के सचिव रहे और 1944 में उपाध्यक्ष भी बने। ग्वालियर की स्नातक उपाधि प्राप्त करने के बाद अटलजी कानपुर आ गए ताकि राजनीति विज्ञान में स्नातकोत्तर स्तर की शिक्षा प्राप्त कर सकें। वहाँ उन्होंने एम. ए. तथा एल. एल. बी. में एक साथ प्रवेश लिया। चूंकि स्नातक परीक्षा इन्होंने प्रथम श्रेणी में उत्तीर्ण की थी, इस कारण

इन्हें छात्रवृत्ति भी प्राप्त हो रही थी। कानपुर के डी. ए. वी. महाविद्यालय से इन्होंने कला में स्नातकोत्तर उपाधि भी प्रथम श्रेणी में प्राप्त की।

व्यावसायिक जीवन

शिक्षक पिता की संतान होने के कारण अटलजी शिक्षा का महत्त्व अच्छी तरह से जानते थे। इस कारण पी. एच. डी. करने के लिए वह लखनऊ चले गए और वकालत की पढ़ाई स्थगित कर दी। पढ़ाई के साथ-साथ वह राष्ट्रीय स्वयं सेवक संघ के कार्यों का भी सम्पादन करने लगे। लेकिन अटलजी पी. एच. डी. करने में सफलता प्राप्त नहीं कर सके, क्योंकि पत्रकारिता से जुड़ने के कारण इन्हें अध्ययन के लिए समय नहीं मिल रहा था। उन दिनों राष्ट्रधर्म नामक समाचार पत्र पंडित दीनदयाल उपाध्याय के सम्पादन में लखनऊ से मुद्रित हो रहा था। तब श्री अटल बिहारी वाजपेयी इसके सह सम्पादक के रूप में नियुक्त किए गए। पंडित दीनदयाल उपाध्याय इस समाचार पत्र का सम्पादकीय स्वयं लिखते थे और अखबार का बाकी कार्य अटलजी एवं इनके सहायक करते थे। लेकिन सही मायने में अटलजी ही इसके सम्पादक थे। अटलजी के आने के बाद राष्ट्रधर्म समाचार पत्र का प्रसार काफी बढ़ गया। ऐसे में इसके लिए स्वयं की प्रेस का प्रबन्ध किया गया। इस प्रेस का नाम भारत प्रेस रखा गया था।

कुछ समय के बाद भारत प्रेस से मुद्रित होने वाला दूसरा समाचार पत्र पाँचजन्य भी प्रकाशित होने लगा। इस समाचार पत्र का सम्पादन पूर्ण रूप से अटलजी करते थे। देश आजाद हो गया था। कुछ समय के बाद 30 जनवरी 1948 को महात्मा गाँधी की हत्या हुई। नाथूराम गोडसे का सम्बन्ध राष्ट्रीय स्वयं सेवक संघ से होने के कारण भारत सरकार ने राष्ट्रीय स्वयं सेवक संघ को प्रतिबन्धित कर दिया। चूंकि भारत प्रेस भी राष्ट्रीय स्वयं सेवक संघ के प्रभाव क्षेत्र में थी, इसीलिए भारत प्रेस को बन्द कर दिया गया। लेकिन अटलजी को अब पत्रकारिता में अत्यन्त आनन्द आने लगा था। इस कारण वह इलाहाबाद चले गए और उन्होंने क्राइसिस टाइम्स नामक अंग्रेजी साप्ताहिक के लिए अपनी सेवाएँ देना आरम्भ कर दिया। परन्तु क्राइसिस टाइम्स का साथ क्राइसिस रहने तक ही था। जब राष्ट्रीय स्वयं सेवक संघ पर लगा प्रतिबंध हटा तो वह क्राइसिस टाइम्स भी गुजर गया। अटलजी पुनः लखनऊ लौटे और उनके सम्पादन में स्वदेश नामक दैनिक पत्र निकलना आरम्भ हो गया। थोड़े ही दिनों में जहाँ स्वदेश लोकप्रिय हुआ, वहीं अटलजी के सम्पादकीय भी काफी सराहे गए और चर्चा का केन्द्र बने। लेकिन लगातार होने वाली हानि के कारण स्वदेश को बंद कर देना पड़ा। तब अटलजी दिल्ली से प्रकाशित होने वाले समाचार पत्र वीर

अर्जुन का सम्पादन करने लगे। यह दैनिक एवं साप्ताहिक दोनों आधार पर प्रकाशित हो रहा था। वीर अर्जुन का सम्पादन करते हुए एक पत्रकार के रूप में इन्हें काफी प्रतिष्ठा और सम्मान मिला। अतः राजनेता से पूर्व अटलजी को एक कवि और पत्रकार के रूप में मान्यता प्राप्त हो गई थी।

पिता-पुत्र की कानून की पढ़ाई साथ-साथ

अटलजी और उनके पिता दोनों ने कानून की पढ़ाई में एक साथ प्रवेश लिया। हुआ यह कि जब अटलजी कानून पढ़ने डी.ए.वी.कॅलेज, कानपुर आना चाहते थे, तो उनके पिताजी ने कहा - मैं भी तुम्हारे साथ कानून की पढ़ाई शुरू करूँगा। वे तब राजकीय सेवा से निवृत्त हो चुके थे। अस्तु, पिता-पुत्र दोनों साथ-साथ कानपुर आए। उन दिनों कॉलेज के प्राचार्य श्रीयुत कालकाप्रसाद भटनागर थे। जब ये दोनों लोग उनके पास प्रवेश हेतु पहुँचे तो उनके आश्चर्य का ठिकाना न रहा दोनों लोगों का प्रवेश एक ही सेक्शन में हो गया। जिस दिन अटलजी कक्षा में न आएँ, प्राध्यापक महोदय उनके पिताजी से पूछें - आपके पुत्र कहाँ हैं? जिस दिन पिताजी कक्षा में न जाएँ, उस दिन अटलजी से वही प्रश्न आपके पिताजी कहाँ हैं? फिर वही ठहाके। छात्रावास में ये पिता-पुत्र दोनों साथ ही एक ही कमरे में छात्र-रूप में रहते थे। झुंड के झुंड लड़के उन्हें देखने आया करते थे।

प्रथम जेल यात्रा

बचपन से ही अटलजी की सार्वजनिक कार्यों में विशेष रुचि थी। उन दिनों ग्वालियर रियासत दोहरी गुलामी में थी। राजतंत्र के प्रति जनमानस में आक्रोश था। सत्ता के विरुद्ध आंदोलन चलते रहते थे। सन् 1942 में जब गाँधी जी ने 'अँग्रेजों भारत छोड़ो' का नारा दिया तो ग्वालियर भी अगस्त क्रांति की लपटों में आ गया। छात्र वर्ग आंदोलन की अगुवाई कर रहा था। अटलजी तो सबके आगे ही रहते थे। जब आंदोलन ने उग्र रूप धारण कर लिया तो पकड़-धकड़ होने लगी।

कोतवाल, जो उनके पिताश्री कृष्ण बिहारी के परिचित थे, ने पिताजी को बताया कि आपके चिरंजीवी कारागार जाने की तैयारी कर रहे हैं। पिताजी को अटलजी के कारागार की तो चिंता नहीं थी, किंतु अपनी नौकरी जाने की चिंता जरूर थी। इसलिए उन्होंने अपने पुत्र को अपने पैतृक गाँव बटेश्वर भेज दिया। वहाँ भी क्रांति की आग धधक रही थी। अटलजी के बड़े भाई श्री प्रेम बिहारी उन पर नजर रखने के लिए साथ भेजे गए थे।

अटलजी पुलिस की लपेट में आ गए। उस समय वे नाबालिग थे। इसलिए उन्हें आगरा जेल की बच्चा-बैरक में रखा गया। चौबीस दिनों की अपनी इस प्रथम जेलयात्रा के संस्मरण वे हँस-हँसकर सुनाते हैं।

राष्ट्रधर्म, पांचजन्य और दैनिक स्वदेश का संपादन

पं. दीनदयाल उपाध्या सन् 1946 में अटलजी को लखनऊ ले आए। लखनऊ में वे राष्ट्रधर्म, के प्रथम संपादक नियुक्त किए गए। उनके परिश्रम और कुशल संपादन से राष्ट्रधर्म ने कुछ ही समय में अपना राष्ट्रीय स्वरूप बना लिया। लखनऊ के साहित्यकारों में अपनी पहचान बनाने में उन्हें अधिक समय नहीं लगा।

ओ.टी.सी. के शिविर में कविता पाठ

जिन दिनों अटलजी इंटरमीडिएट में पढ़ते थे, उन्होंने अपनी प्रसिद्ध कविता हिंदू, तन-मन, हिंदू जीवन, रग-रग हिंदू मेंरा परिचय लिखी थी। सन् 1942 में लखनऊ के कालीचरण कॉलेज में ओटीसी का कैम्प लगाया गया था। परमपूज्य गुरुजी के समक्ष जब उन्होंने अपनी यह कविता पढ़ी तो श्रोता बड़े प्रभावित हुए। जिस समय वे हवा में हाथ लहराते हुए, मुद्रा विशेष में, तेवर के साथ निम्नलिखित पंक्तियाँ पढ़ रहे थे, तो सभी श्रोता रोमांचित हो उठे :

होकर स्वतंत्र मैंने कब चाहा है कर लूँ जग को गुलाम।
मैंने तो सदा सिखाया है करना अपने मन को गुलाम।

गोपाल-राम के नामों पर कब मैंने अत्याचार किए?
कब दुनिया को हिंदू करने घर-घर में नरसंहार किए?
कोई बतलाए काबुल में जाकर कितनी तोड़ीं मस्जिद?
भू-भाग नहीं, शत-शत मानव के हृदय जीतने का निश्चय।
हिंदू तन-मन, हिंदू जीवन, रग-रग हिंदू मेरा परिचय।

दैनिक स्वदेश और वीर अर्जुन का संपादन

हिंदी पत्रकारिता के क्षेत्र में राष्ट्रीय ख्याति प्राप्त करने वाले अटलजी ने सन् 1950 ई. में दैनिक स्वदेश के संपादक का कार्यभार पुनः संभाला। जिस दिन इसका

उद्घाटन कार्यक्रम संपन्न हुआ वह लखनऊ शहर के लिए एक ऐतिहासिक दिन था। हिंदी पत्रकारिता के दधीचि संपादकाचार्य पं. अम्बिकाप्रसाद वाजपेयी के साथ-साथ प्रख्यात विद्वान डॉ. राधाकुमुद मुखर्जी भी वहाँ उपस्थित थे। लखनऊ के ही नहीं, प्रदेश के अनेक विद्वान, कवि, साहित्यकार, राष्ट्रभाषा-प्रेमी और राष्ट्रभक्त वहाँ बड़े उत्साह से आए थे। पत्र कुछ दिन तक जोर-शोर से निकलता रहा। आर्थिक संकट धीरे-धीरे पत्र को घेरने लगे। सरकारी विज्ञापन मिलते ही नहीं थे। बड़े दुखी मन से अटलजी को इसे बंद करना पड़ा। अपने अंतिम संपादकीय अलविदा में उन्होंने मन की पीड़ा को व्यक्त किया है।

लखनऊ से अटलजी दिल्ली चले आए। वहाँ उन्होंने वीर अर्जुन के संपादक का दायित्व संभाला। अनुभव की परिपक्वता, विचारों की गंभीरता और भाषा की स्पष्टता ने वीर अर्जुन की ख्याति बढ़ा दी। इस पत्र के संपादकीय की दिल्ली के बुद्धिजीवियों और राष्ट्रीय राजनेताओं में खूब चर्चा होती थी। अटलजी की कलम में कुछ ऐसा जादू रहा कि पत्र की प्रति हाथ में आते ही लोग पहले संपादकीय पढ़ते थे, बाद में समाचार आदि। आज भी वे जो कुछ लिखते हैं, वह औरों से भिन्न और चिंतनपरक होता है। उन्होंने कलम की साधना की है, ग्रंथों का अनुशीलन किया है।

राजनीतिक जीवन की शुरूआत

वह भारतीय जनसंघ की स्थापना करने वालों में से एक हैं और सन् 1968 से 1973 तक वह उसके राष्ट्रीय अध्यक्ष भी रह चुके हैं। सन् 1955 में उन्होंने पहली बार लोकसभा चुनाव लड़ा, परन्तु सफलता नहीं मिली। लेकिन उन्होंने हिम्मत नहीं हारी और सन् 1957 में बलरामपुर (जिला गोण्डा, उत्तर प्रदेश) से जनसंघ के प्रत्याशी के रूप में विजयी होकर लोकसभा में पहुँचे। सन् 1957 से 1977 तक जनता पार्टी की स्थापना तक वे बीस वर्ष तक लगातार जनसंघ के संसदीय दल के नेता रहे। मोरारजी देसाई की सरकार में सन् 1977 से 1979 तक विदेश मन्त्री रहे और विदेशों में भारत की छवि बनायी।

1980 में जनता पार्टी से असन्तुष्ट होकर इन्होंने जनता पार्टी छोड़ दी और भारतीय जनता पार्टी की स्थापना में मदद की। 6 अप्रैल 1980 में बनी भारतीय जनता पार्टी के अध्यक्ष पद का दायित्व भी वाजपेयी को सौंपा गया। दो बार राज्यसभा के लिये भी निर्वाचित हुए। लोकतन्त्र के सजग प्रहरी अटल बिहारी वाजपेयी ने सन् 1996 में प्रधानमन्त्री के रूप में देश की बागडोर संभाली। 19 मार्च 1998 को पुनः

प्रधानमन्त्री पद की शपथ ली और उनके नेतृत्व में 24 दलों की गठबन्धन सरकार ने पाँच वर्षों में देश के अन्दर प्रगति के अनेक आयाम छुए।

सन् 2004 में कार्यकाल पूरा होने से पहले भयंकर गर्मी में सम्पन्न कराये गये लोकसभा चुनावों में भा.ज.पा. के नेतृत्व वाले राष्ट्रीय जनतांत्रिक गठबन्धन (एन.डी. ए.) ने वाजपेयी के नेतृत्व में चुनाव लड़ा और भारत उदय (अंग्रेजी में इण्डिया शाइनिंग) का नारा दिया। इस चुनाव में किसी भी पार्टी को बहुमत नहीं मिला। ऐसी स्थिति में वामपंथी दलों के समर्थन से काँग्रेस ने भारत की केन्द्रीय सरकार पर कायम होने में सफलता प्राप्त की और भा.ज.पा. विपक्ष में बैठने को मजबूर हुई।

राष्ट्रीय स्वयं सेवक संघ (आर. एस. एस.) हिन्दुत्ववादी विचारधारा की प्रमुख संस्था है लेकिन भारत सरकार की नजर में वह अलागववादी विचारधारा का पोषण कर रही थी। इस कारण आर. एस. एस. पर कई प्रकार के राजनयिक प्रतिबन्ध लगा दिए गए। ऐसे में आर. एस. एस. ने भारतीय जनसंघ का गठन किया जो राजनीतिक विचारधारा वाला दल था। भारतीय जनसंघ का जन्म संघ परिवार की राजनीतिक संस्था के रूप में हुआ, जिसके अध्यक्ष डॉ. श्यामा प्रसाद मुखर्जी थे। अटलजी उस समय से ही इस संस्था के संगठनात्मक ढाँचे से जुड़ गए। तब वह अध्यक्ष के निजी सचिव के रूप में दल का कार्य देख रहे थे। इस कारण उन्हें जनसंघ के सबसे पुराने व्यक्तियों में एक माना जाता है। भारतीय जनसंघ ने सर्वप्रथम 1952 के आम चुनावों में भाग लिया। तब उसका चुनाव चिह्न दीपक था। चुनावों में भारतीय जनसंघ को कोई विशेष कामयाबी प्राप्त नहीं हुई, फिर भी डॉक्टर श्यामा प्रसाद मुखर्जी राष्ट्रीय हित में कार्य करते रहे। उस समय भी कश्मीर का मामला अत्यन्त संवेदनशील था। डॉक्टर श्यामा प्रसाद मुखर्जी ने अटलजी के साथ जम्मू-कश्मीर के लोगों को जागरूक करने का कार्य किया। वह कश्मीर के हिन्दुओं को अपने अधिकारों के लिए जाग्रत कर रहे थे। लेकिन सरकार ने इसे साम्प्रदायिक गतिविधि मानते हुए डॉक्टर मुखर्जी को गिरफ्तार करके जेल में ठूँस दिया। डॉक्टर मुखर्जी की 23 जून 1953 को जेल में ही मृत्यु हो गई। तब जनसंघ के समर्थकों ने उनकी मृत्यु को एक गहरी साजिश मानते हुए इसे हत्या करार दिया।

दूसरा आम चुनाव

अब भारतीय जनसंघ का काम अटलजी प्रमुख रूप से देखने लगे। इन पर राजनीतिक रंग पूरी तरह से हावी हो चुका था। तभी दूसरा आम चुनाव आ गया। 1957 के इन चुनावों में भारतीय जनसंघ को चार स्थानों पर विजय प्राप्त हुई।

अटलजी पहली बार बलरामपुर सीट से विजयी होकर लोकसभा में पहुँचे। 1957 में लोकसभा चुनाव हेतु अटलजी ने तीन स्थानों से नामांकन पत्र दाखिल किया था। बलरामपुर के अलावा उन्होंने लखनऊ और मथुरा से भी पर्चे भरे थे। बलरामपुर एक रियासत थी। जिसका आजादी के बाद उत्तर प्रदेश राज्य में विलय कर दिया गया था। वहाँ राष्ट्रीय स्वयं सेवक संघ का अच्छा दबदबा था। प्रताप नारायण तिवारी ने यहाँ जनसंघ के लिए दृढ़ आधार तैयार किया था। चूंकि बलरामपुर कभी रियासत थी, इस कारण रजवाड़ों का भी यहाँ दबदबा था। रजवाड़े कांग्रेस से नाराज थे, क्योंकि आजादी के बाद वे अपना स्वतंत्र अस्तित्व बनाये रखना चाहते थे। यही कारण है कि बलरामपुर की सीट कांग्रेस के बजाए जनसंघ की झोली में चली गई और अटलजी प्रथम बार लोकसभा में पहुँचे। वह इस चुनाव में 10 हजार मतों से विजय हुए थे। लेकिन अटलजी बाकी दो स्थानों पर हार गए। मथुरा में वह अपनी जमानत भी नहीं बचा पाए और लखनऊ में साढ़े बारह हजार मतों से पराजय स्वीकार करनी पड़ी। दोनों स्थानों पर कांग्रेस के उम्मीदवारों की विजय हुई थी।

उस समय किसी भी पार्टी के लिए यह आवश्यक था कि वह कम-से-कम तीन प्रतिशत वोट प्राप्त करे अन्यथा उस पार्टी की मान्यता समाप्त की जा सकती थी। भारतीय जनसंघ को 6 प्रतिशत वोट प्राप्त हुए थे। इन चुनावों में हिन्दू महासभा और रामराज्य परिषद् जैसी पार्टियों की मान्यता समाप्त हो गई, क्योंकि उन्हें तीन प्रतिशत वोट नहीं मिले थे।

कश्मीर मुद्दे पर विचार

अटलजी ने संसद में पहुँचने के पश्चात् कश्मीर मुद्दे पर अपने विचार प्रकट किए और संसद ने उन्हें बेहद ध्यान से सुना। अटलजी ने कहा कि कश्मीर का मामला संयुक्त राष्ट्र संघ में नहीं भेजा जाना चाहिए था, क्योंकि वहाँ से कोई समाधान नहीं प्राप्त होगा। भारत को अपने स्तर पर ही प्रयास करके पाकिस्तान के अधिकार वाले कश्मीर के विषय में सोचना होगा। अटलजी का यह अनुमान आज भी सत्य है कि संयुक्त राष्ट्र संघ ने कश्मीर समस्या का समाधान आज तक नहीं खोजा है। अटलजी का तर्क था कि कश्मीर में पाकिस्तान हमलावर था, अतः राष्ट्र संघ को त्वरित कार्रवाई करनी चाहिए थी। कश्मीर का मामला संयुक्त राष्ट्र संघ में भेजना एक ऐतिहासिक भूल थी। भारत को चाहिए था कि वह हमलावर को अपनी जमीन से हटा देता और इसके लिए आवश्यक सैनिक कार्रवाई करता।

1962 के आम चुनाव

अटलजी ने संसद में अपनी एक अलग पहचान बना ली थी। 1962 के आम चुनाव में वह पुनः बलरामपुर की सीट से भारतीय जनसंघ के टिकट पर खड़े हुए लेकिन उनकी इस बार पराजय हुई। इस चुनाव में कांग्रेसी उम्मीदवार को 1052 वोटों से विजय प्राप्त हुई। अटलजी की संसद में प्रशंसनीय कार्य करने के बाद भी जीत नहीं हुई। यह चुनाव इस कारण भी विवादास्पद रहा कि कांग्रेस प्रत्याशी ने उचित-अनुचित सभी प्रकार के पैंतरे अपनाए थे। इस चुनाव के दौरान साम्प्रदायिक सौहार्द्र भी बिगड़ा। इस कारण भयवश हजारों हिन्दू नारियों ने अपने मताधिकारों का प्रयोग नहीं किया। 1962 के चुनाव में जनसंघ ने प्रगति की और संसद में उसके 14 प्रतिनिधि पहुँचने में सफल रहे। इस संख्या के आधार पर राज्यसभा के लिए जनसंघ को दो सदस्य मनोनीत करने का अधिकार प्राप्त हुआ। ऐसे में अटल बिहारी वाजपेयी और पंडित दीनदयाल उपाध्याय राज्यसभा में भेजे गए। चूंकि उपराष्ट्रपति ही राज्यसभा का पदेन सभापति होता है, इस कारण सर्वपल्ली राधाकृष्णन सभापति थे। उन्होंने अटलजी को राज्यसभा की प्रथम दीर्घा में बैठने को अनुप्रेरित किया। अटलजी ने राज्यसभा में भी अपने दायित्वों का निर्वहन योग्यता के साथ किया। इस कार्यकाल के दौरान राष्ट्रपति डॉक्टर राजेन्द्र प्रसाद और प्रधानमंत्री पंडित जवाहरलाल नेहरू की मृत्यु हुई। अटलजी ने अनूठी भाषा-शैली में उन्हें श्रद्धांजलि अर्पित की। दोनों श्रद्धांजलियों को राज्यसभा के पटल पर सुरक्षित रखा गया।

चौथे आम चुनाव

चौथे आम चुनाव 1967 में सम्पन्न हुए। अटलजी पुनः बलरामपुर की सीट से प्रत्याशी बने। उन्होंने कांग्रेस के प्रत्याशी को लगभग 32 हजार वोटों से हराया। अपने इस कार्यकाल में अटलजी ने यह साबित कर दिया कि वह धर्मनिरपेक्षता के पूर्ण समर्थक हैं तथा धर्म और राजनीति का सम्मिश्रण नहीं चाहते। काहिरा में आयोजित हुए इस्लामी सम्मेंलन के बारे में उन्होंने कहा कि अंतर्राष्ट्रीय स्तर पर मजहबी कट्टरता का पोषण नहीं होना चाहिए। ऐसे सम्मेंलन विश्व बंधुत्व के आधार पर होने चाहिए। अटल बिहारी वाजपेयी ने मजहबी आधार पर गुट बनाने की प्रवृत्ति को खतरनाक बताया और भारत सरकार को भी इस बारे में आगाह किया। धारा 370 के अंतर्गत कश्मीर को जो विशिष्ट दर्जा प्रदान किया गया था, उन्होंने उसका भी विरोध किया और धारा 370 समाप्त करने की माँग की। इसके अतिरिक्त उन्होंने

भारत सरकार से यह माँग की कि कश्मीर में रोजगार के साधन उपलब्ध कराए जाएँ और शिक्षा के स्तर में वृद्धि हो।

इसी प्रकार विदेशी राजनीति भी अटलजी का पसंदीदा विषय था। जब अमेंरिका ने वियतनाम पर हमला किया तो उन्होंने बड़े कड़े शब्दों में निंदा की। वियतनाम को लेकर संयुक्त राष्ट्र संघ की खामोशी को भी अटलजी ने अपना निशाना बनाया। उन्होंने इस युद्ध का परिणाम भी घोषित कर दिया था। अटलजी ने कहा था कि वियतनाम की जनता अपनी स्वाधीनता के लिए लड़ रही है और अमेंरिका उसे युद्ध में तबाह करके अपना उपनिवेश बनाना चाहता है। अंततः अमेंरिकी फौजों को वहाँ से जाना ही होगा। इस मुद्दे पर उन्होंने सटीक भविष्यवाणी की थी। उस युद्ध में वाकई अमेंरिका को पराजय का सामना करना पड़ा और वियतनाम युद्ध आज भी अमेंरिका के लिए एक दाग की भाँति है। यही नहीं, अमेंरिका की जनता ने भी बाद में वियतमान युद्ध का कड़ा विरोध करना आरम्भ कर दिया था।

काव्य की रचना

अटलजी पाँचवी लोकसभा में भी पहुँचने में कामयाब रहे। सन् 1972 का लोकसभा चुनाव उन्होंने गृहनगर यानी ग्वालियर से लड़ा था। बलरामपुर संसदीय चुनाव का उन्होंने परित्याग कर दिया था। इस समय श्रीमती इंदिरा गाँधी देश की प्रधानमंत्री थीं। लेकिन जून, 1975 में इंदिरा गाँधी ने आपातकाल लगाकर विपक्ष के कई नेताओं को जेल में डाल दिया। उनमें अटलजी भी शामिल थे। उन्होंने जेल में रहते हुए समयानुकूल काव्य की रचना की और आपातकाल के यथार्थ को व्यंग्य के माध्यम से प्रकट किया। जेल में रहते हुए ही अटलजी का स्वास्थ्य खराब हो गया और उन्हें अखिल भारतीय आयुर्विज्ञान संस्थान में भर्ती कराया गया। लगभग 18 माह के बाद आपातकाल समाप्त हुआ और छठवीं लोकसभा के गठन हेतु चुनाव घोषित किया गया। जब विपक्ष के नेता जेल में बंद थे, तब भी उनमें वैचारिक मंथन हुआ।

विदेश मंत्री

आपातकाल के कारण विपक्ष संगठित होने में सफल रहा। फिर लोकसभा चुनाव सम्पन्न हुए, लेकिन इंदिरा गाँधी चुनाव नहीं जीत सकीं। संगठित विपक्ष द्वारा मोरारजी देसाई के प्रधानमंत्रित्व में जनता पार्टी की सरकार बनी और अटलजी विदेश मंत्री बनाए गए। उन्हें विदेशी मामलों का विशेषज्ञ भी माना जाता था। उन्होंने कई

देशों की यात्राएँ कीं और भारत का पक्ष रखा। अटलजी की विदेश यात्राओं के कारण मोरारजी देसाई ने इन्हें टोका था कि कभी-कभी देश में भी रहा करो। अटलजी ने पाकिस्तान की भी यात्रा की। उन्होंने तत्कालीन फौजी शासक जिया-उल-हक से वार्तालाप के दौरान फरक्का-गंगाजल बंटवारे का मसौदा तय किया। इसके अतिरिक्त भारत और पाकिस्तान के मध्य रेल सेवा की बहाली भी तय की गई। अटलजी बंग्लादेश के साथ भी गंगाजल के वितरण पर समझौते की दिशा में बढ़े। उन्होंने विदेश मंत्री के तौर पर भारतीय अणु शक्ति के सम्बन्ध में नीति स्पष्ट की और अणु ऊर्जा को भारतीय आवश्यकताओं के लिए जरूरी बताया। अटलजी ने नेपाल के विदेश मंत्री के साथ व्यापार और पारगमन की नई नीति के सम्बन्ध में भी चर्चा की। 4 अक्टूबर, 1977 को उन्होंने संयुक्त राष्ट्र संघ के अधिवेशन में हिन्दी में सम्बोधन दिया। इसके पूर्व किसी भी भारतीय नागरिक ने राष्ट्रभाषा का प्रयोग इस मंच पर नहीं किया था।

राज्यसभा के लिए चुने गए

जनता पार्टी सरकार का पतन होने के पश्चात् 1980 में नए चुनाव हुए और इंदिरा गाँधी पुनः सत्ता में आ गईं। इसके बाद 1996 तक अटलजी विपक्ष में रहे। 1980 में भारतीय जनसंघ के नए स्वरूप में भारतीय जनता पार्टी का गठन हुआ और इसका चुनाव चिह्न कमल का फूल रखा गया। उस समय अटलजी ही भारतीय जनता पार्टी के शीर्ष नेता थे। प्रधानमंत्री श्रीमती इंदिरा गाँधी की हत्या के पश्चात् 1984 में आठवीं लोकसभा के चुनाव हुए। सहानुभूति की लहर कांग्रेस के साथ थी। यही कारण था कि विपक्ष के अनेक दिग्गजों को पराजय का मुँह देखना पड़ा। अटलजी भी ग्वालियर की अपनी सीट भी नहीं बचा पाए। लेकिन 1986 में इन्हें राज्यसभा के लिए चुन लिया गया। फिर समय ने पलटा खाया और विश्वनाथ प्रताप सिंह के कारण कांग्रेस को सत्ता से बाहर जाना पड़ा।

लोकसभा भंग

ऐसे में भारतीय जनता पार्टी ने राष्ट्रीय मोर्चा को बाहर से ही समर्थन प्रदान किया। लेकिन 13 मार्च, 1991 को लोकसभा भंग हो गई और 1991 में नए चुनाव सम्पन्न हुए। सम्पूर्ण चुनाव प्रक्रिया को दो चरणों में होना था। चुनाव के प्रथम चरण के बाद तमिलनाडु में राजीव गाँधी की हत्या होने और द्वितीय चरण के मतदान में कांग्रेस को सहानुभूति का लाभ मिलने से पी. वी. नरसिम्हा राव कांग्रेस के प्रधानमंत्री

बने। इनका प्रधानमंत्रित्व कार्यकाल पूर्ण होने के बाद 1996 में पुनः लोकसभा के चुनाव सम्पन्न हुए।

प्रधानमंत्री पद

1996 के चुनावों में भारतीय जनता पार्टी सबसे बड़े दल के रूप में उभरी। संसदीय दल के नेता के रूप में अटलजी प्रधानमंत्री बने। उन्होंने 21 मई, 1996 को प्रधानमंत्री के पद एवं गोपनीयता की शपथ ली। 31 मई, 1996 को इन्हें अन्तिम रूप से बहुमत सिद्ध करना था, लेकिन विपक्ष संगठित नहीं था। इस कारण अटलजी मात्र 13 दिनों तक ही प्रधानमंत्री रहे। उन्होंने अपनी अल्पमत सरकार का त्यागपत्र राष्ट्रपति डॉ. शंकरदयाल शर्मा को सौंप दिया।

कार्यवाहक प्रधानमंत्री

कारगिल में युद्ध की जो स्थितियाँ बनीं, वह निश्चय ही घोर लापरवाही का कारण थीं, लेकिन सच्चाई सामने नहीं आ सकी। अगले चुनावों में एन. डी. ए. की सरकार बनी। उसने उन आरोपों की निष्पक्ष जाँच कराने में कोई दिलचस्पी नहीं दिखाई और सभी सवाल समय की गर्त में दफन हो गए। अटलजी की सरकार दूसरी बार एक मत की कमी से बहुमत के जादुई आँकड़े तक नहीं पहुँच पाई और उसका पतन हो गया। सरकार गिराने के लिए विपक्ष ने राजनीति में प्रचलित वैध-अवैध सभी पैंतरे आजमाए, लेकिन कोई भी पार्टी सरकार बनाने की स्थिति में नहीं थी। अतः अप्रैल, 1999 से अक्टूबर, 1999 तक अटलजी कार्यवाहक प्रधानमंत्री रहे।

अटलजी प्रधानमंत्री के रूप में यकीनन बेहद योग्य व्यक्ति रहे हैं और नेहरूजी ने अपने जीवनकाल में ही यह घोषणा कर दी थी तथापि आडवाणी जी को इस बात का श्रेय अवश्य दिया जाना चाहिए कि उन्होंने अटलजी को प्रधानमंत्री के रूप में प्रचारित किया।

आडवाणी जी के इस अथक श्रम को निश्चय ही याद किया जाएगा कि उन्होंने अटलजी के लिए समर्थन जुटाया। भाजपा की हिन्दुत्ववादी नीति से वोट बटोरने का कार्य भी उन्होंने किया था। राजनीति में स्थायी मित्रता और शत्रुता का कोई भी स्थान नहीं होता। प्रधानमंत्री बनने के बाद अटलजी के सामने सम्पूर्ण देश और उसकी समस्याएँ थीं। वह भाजपा तक सीमित नहीं रह सकते थे। वह संवैधानिक मर्यादा से बंधे हुए थे। यों भी अटलजी नैतिक व्यक्ति रहे हैं। इसके अलावा एन. डी. ए. के प्रति भी उनका उत्तरदायित्व था। आडवाणी जी चाहते थे कि राम मन्दिर का मसला

सुलझा लिया जाए, लेकिन अटलजी जानते थे कि एन. डी. ए. में शामिल अन्य दल इसके लिए तैयार नहीं होंगे। वह विवादास्पद प्रधानमंत्री नहीं बनना चाहते थे। वह दूरगामी परिणामों का आकलन कर रहे थे। यही कारण है कि आडवाणी जी के साथ उनके कुछ वैचारिक मतभेद हो गए।

ठोस कार्य

अटलजी की एन. डी. ए. सरकार ने पाँच वर्ष का कार्यकाल अवश्य पूर्ण किया, लेकिन इसके लिए अटलजी को काफी पापड़ बेलने पड़े। एन. डी. ए. संयोजक जॉर्ज फर्नांडीज ने भी इसमें सकारात्मक भूमिका का निर्वहन किया था। एन. डी. ए. के सभी घटकों का पाँच वर्ष तक एक साथ रहना भी किसी चुनौती से कम नहीं था। अटलजी के तृतीय प्रधानमंत्रित्व काल की विशेषताओं को संक्षिप्त रूप में इस प्रकार समझा जा सकता है–

1. श्री नरसिम्हा राव ने आर्थिक सुधारों की जो नीति आरम्भ की थी, उसे अटलजी ने जारी रखा। उन्हें इस नीति के सकारात्मक तथ्यों का ज्ञान था। वह उसे इस कारण खारिज नहीं करना चाहते थे कि वह कांग्रेस की आर्थिक नीति थी। ऐसी नीति से अर्थव्यवस्था के सुधार का लाभ इनकी सरकार को भी प्राप्त हुआ और सर्वहारा वर्ग भी आर्थिक रूप से सम्पन्न हुआ।
2. श्री अटलजी ने संतुलित विदेश नीति का पालन करते हुए अपनी परमाणु नीति को स्पष्ट किया। अमेंरिका और उसके मित्र देशों ने पोखरण परमाणु विस्फोट पर विरोध अवश्य जताया। लेकिन अटलजी ने स्पष्ट कर दिया कि भारत अगला परमाणु परीक्षण नहीं करेगा। वह परमाणु बम का उपयोग तभी करेगा जब उसके विरुद्ध ऐसा किया जाएगा। भारतीय परमाणु कार्यक्रम चीन तथा पाकिस्तान के विरोधी रवैये को देखते हुए बनाया गया और सारी दुनिया भी भारत के इस भय को समझती थी।
3. आर्थिक विकास के लिए अटलजी ने स्वर्णिम चतुर्भुज योजना का आरम्भ किया। इसके अंतर्गत वह देश के महत्त्वपूर्ण शहरों को लम्बी-चौड़ी सड़कों के माध्यम से जोड़ना चाहते थे। इसका अधिकांश कार्य अटलजी के कार्यकाल में पूर्ण हुआ। इससे जहाँ आम व्यक्ति की यात्रा सुविधाजनक हुई, वहीं व्यापारिक और कारोबारी गतिविधियों को भी प्रोत्साहन मिला।
4. अटलजी ने पड़ोसी देश पाकिस्तान के साथ सम्बन्ध सुधारने की दिशा में सदैव पहल की, यद्यपि पाकिस्तान ने कभी भी अपने वादों को पूर्ण नहीं किया।

कारगिल युद्ध इसका स्पष्ट उदाहरण है। उन्होंने पाकिस्तान के सैनिक शासक परवेज मुशर्रफ से भी बातचीत की थी।

5. अमेंरिकी राष्ट्रपति बिल क्लिटंन के भारत आगमन पर अमेंरिका के साथ भारतीय सम्बन्धों को सुधारने की दिशा में कार्य किया गया। अटलजी ने पाकिस्तान के अपदस्थ प्रधानमंत्री नवाज शरीफ की रिहाई के लिए बिल क्लिंटन से वार्ता की ताकि पड़ोसी देश में प्रजातंत्र की हत्या न हो सके। इस साझा प्रयास से ही नवाज शरीफ की रिहाई सम्भव हो सकी।

उपलब्धियाँ

19 मार्च, 1998 को नए चुनावों के माध्यम से अटलजी पुनः प्रधानमंत्री बने। इस समय सदन में भारतीय जनता पार्टी (भाजपा) सदस्यों की संख्या 182 थी। तेलुगुदेशम, तृणमूल कांग्रेस और जयललिता की ए. आई. डी. एम. के. ने भाजपा को समर्थन दिया। अप्रैल 1999 तक अटलजी दूसरी बार प्रधानमंत्री पद पर रहे। इनका कार्यकाल इस बार 14 महीनों तक रहा।

द्वितीय कार्यकाल में अटलजी ने प्रधानमंत्री के रूप में निम्नलिखित उपलब्धियाँ हासिल प्राप्त कीं–

1. अटलजी ने विज्ञान और तकनीक की प्रगति के साथ देश का भविष्य जोड़ा। उन्होंने परमाणु शक्ति को देश के लिए आवश्यक बताकर 11 मई 1998 को पोखरन में पाँच परमाणु परीक्षण किए।
2. अटलजी ने भारतीय सुरक्षा को महत्त्व दिया और देश को परमाणु बम से लैस किया। देश की स्वतंत्रता और सम्प्रभुता का नारा दिया।
3. परमाणु बम बना लेने के कारण अमेंरिका और उसके मित्र राष्ट्रों ने भारत पर प्रतिबंध लगा दिया। लेकिन अटलजी ने प्रतिबंधों की परवाह न करते हुए भारत को स्वावलम्बी राष्ट्र बनाने की दिशा में कार्य किया। उन्होंने स्पष्ट रूप से कह दिया कि भारत की अर्थव्यवस्था मजबूत है और उन्हें आर्थिक प्रतिबंधों की कोई भी परवाह नहीं है।
4. अटलजी ने पोखरण में "जय जवान, जय किसान" का नारा देकर अपने समस्त इरादे दुनिया के सामने जाहिर कर दिए कि भारत भी एक परमाणु सम्पन्न देश है। अपनी स्वतंत्रता को कायम रखने के लिए उसे भी परमाणु बम बनाने का अधिकार है।

5. अटलजी ने प्रधानमंत्री के रूप में ब्रेन ड्रेन (युवा प्रतिभाओं में विदेश गमन की अभिरुचि) को रोकने की जरूरत बताई। उन्होंने युवाओं को आह्वान किया कि वे मातृभूमि की सेवा पर ध्यान दें।
6. अटलजी ने सेनाओं का मनोबल ऊँचा उठाने का भी कार्य किया। साथ ही परमाणु कार्यक्रम की आधार शिला रखने वाली भूतपूर्व प्रधानमंत्री श्रीमती इंदिरा गाँधी को भी उन्होंने धन्यवाद दिया। अटलजी के लिए राष्ट्रहित दलगत राजनीति से सदैव ऊपर रहा। अटलजी को उदारमना ही कहना चाहिए कि उन्होंने विपक्ष की उपलब्धियों को भी सराहा।

मात्र चौदह महीनों के कार्यकाल में अटलजी ने प्रधानमंत्री के रूप में स्वयं को सफल साबित कर किया। उन्हें पता था कि वह साझा सरकार के रूप में काम कर रहे हैं और भारतीय जनता पार्टी के पास पूर्ण बहुमत नहीं है, इस कारण उन्होंने अपने भाषण में स्पष्ट कर दिया था कि शायद यह कार्यकाल भी पूर्ण न हो पाए। फिर यही हुआ भी। इसके पश्चात् ए. आई. डी. एम. के. की जयललिता ने सशर्त समर्थन देना चाहा लेकिन अटलजी ने इसे स्वीकार नहीं किया और उन्हें प्रधानमंत्री पद से त्यागपत्र देना पड़ा। उस समय कोई भी पार्टी केन्द्र में सरकार बनाने में सक्षम नहीं थी। इस कारण सितम्बर-अक्टूबर के मध्य चुनाव कराए गए और इस समय तक कार्यवाहक प्रधानमंत्री का दायित्व अटलजी ने ही सम्भाला। लेकिन उसकी चर्चा करने से पूर्व उनके द्वितीय कार्यकाल में हुए कारगिल युद्ध का विवरण दिया जाना प्रासंगिक ही नहीं वरन् अत्यावश्यक भी होगा।

कारगिल युद्ध

पाकिस्तान के तत्कालीन सेना प्रमुख परवेज मुशर्रफ की शह पर पाकिस्तानी सेना व उग्रवादियों ने कारगिल क्षेत्र में घुसपैठ करके कई पहाड़ी चोटियों पर कब्जा कर लिया। अटल सरकार ने पाकिस्तान की सीमा का उल्लंघन न करने की अंतर्राष्ट्रीय सलाह का सम्मान करते हुए धैर्यपूर्वक किंतु ठोस कार्यवाही करके भारतीय क्षेत्र को मुक्त कराया। इस युद्ध में प्रतिकूल परिस्थितियों के कारण भारतीय सेना को जान माल का काफी नुकसान हुआ और पाकिस्तान के साथ शुरू किए गए संबंध सुधार एकबार फिर शून्य हो गए।

कारगिल युद्ध भारत और पाकिस्तान के बीच मई और जुलाई 1999 के बीच कश्मीर के कारगिल जिले में हुए सशस्त्र संघर्ष का नाम है। कश्मीर के कारगिल क्षेत्र में सामरिक महत्त्व की ऊँची चोटियाँ भारत के अधिकार क्षेत्र में आती हैं। उन दुर्गम

चोटियों पर शीत ऋतु में रहना काफी कष्टसाध्य होता है। इस कारण भारतीय सेना वहाँ शीत ऋतु में नहीं रहती थी। इसका लाभ उठाकर पाकिस्तान के राष्ट्रपति परवेज मुशर्रफ ने आतंकवादियों के साथ पाकिस्तानी सेना को भी कारगिल पर कब्जा करने के लिए भेज दिया। वस्तुतः पाकिस्तान ने सीमा सम्बन्धी नियमों का उल्लघंन किया था। लेकिन उसके पास यह सुरक्षित बहाना था कि कारगिल की चोटियों पर तो आतंकवादियों ने कब्जा किया है, न कि पाकिस्तान की सेना ने। ऐसी स्थिति में भारतीय सेना के सामने बड़ी चुनौती थी। दुश्मन काफी ऊँचाई पर था और भारतीय सेना उनके आसान निशाने पर थी। लेकिन भारतीय सेना ने अपना मनोबल कायम रखते हुए पाकिस्तानी फौज पर आक्रमण कर दिया।

ऑपरेशन विजय

भारतीय सेना ने इस युद्ध की चुनौती को ऑपरेशन विजय का नाम दिया। युद्ध के दौरान भारतीय सेना के सैकड़ों अफसरों और सैनिकों को कुर्बानी देनी पड़ी। पाकिस्तानी सैनिक भी बड़ी संख्या में हताहत हुए। यहाँ यह भी बताना प्रासंगिक होगा कि कुछ ही समय पहले भारत के तत्कालीन प्रधानमंत्री अटल बिहारी वाजपेयी पाकिस्तान का दौरा करके आए थे और भारत-पाक सम्बन्धों को सुधारने की दिशा में महत्त्वपूर्ण मंत्रणाएँ भी हुई थीं।

उस समय पाकिस्तान के प्रधानमंत्री नवाज शरीफ थे और राष्ट्रपति परवेज मुशर्रफ। फरवरी 2009 में नवाज शरीफ ने यह खुलासा किया कि कारगिल पर कब्जा करने की साजिश तत्कालीन राष्ट्रपति परवेज मुशर्रफ की थी और उन्होंने मुझे कैद कर लिया था। कारगिल में पाकिस्तानी सेना का प्रवेश परवेज मुशर्रफ के आदेश पर ही हुआ था, जबकि परवेज मुशर्रफ ने यह कहा था कि कारगिल में पाकिस्तानी आतंकवादी उपस्थित थे।

भारतीय सैनिकों ने ठान लिया था कि वे कारगिल से पाकिस्तानियों को खदेड़कर ही दम लेंगे। भारतीय सैनिकों ने विलक्षण वीरता का परिचय देते हुए पाकिस्तानी सैनिकों को चारों ओर से घेर लिया। बेशक कारगिल युद्ध में भारत को विजयश्री प्राप्त हुई लेकिन अमेरिका के हस्तक्षेप के कारण भारत सरकार ने पाकिस्तानी सैनिकों को हथियारों सहित निकल भागने का मौका दे दिया। पाकिस्तान को सामरिक महत्त्व की चोटियाँ खाली करनी पड़ीं और भारत ने पाकिस्तानी सैनिकों की जिन्दा वापसी को स्वीकार कर लिया। वस्तुतः युद्ध के भी कुछ नियम होते हैं। भारतवर्ष ने उन्हीं नियमों का पालन किया था। लेकिन इस युद्ध में जहाँ भारत की

जीत का सेहरा अटलजी के सिर पर बंधा, वहीं कई अन्य बातें भी प्रमाणित हुईं। जिन बोफोर्स तोपों के नाकारा होने की बात श्री राजीव गाँधी के प्रधानमंत्रित्व काल में विपक्ष एवं भाजपा करती थीं, वही तोपें कारगिल युद्ध में बेहद कामयाब और उपयोगी साबित हुईं। सेना के उच्च अधिकारियों ने कहा कि बोफोर्स तोपों के कारण ही कारगिल में भारतीय सेना को शीघ्र कामयाबी मिल पाई थी वरना युद्ध लम्बा खिंच सकता था। बोफोर्स तोपों को लेकर राजीव गाँधी पर जो आरोप लगे, वह इस प्रकार आंशिक रूप से धुल गए। बाद में न्यायपालिका ने भी स्वर्गीय राजीव गाँधी को इस मामले में क्लीन चिट प्रदान कर दी।

प्रधानमंत्री अटल बिहारी वाजपेयी की सरकार पर लापरवाही का आरोप लगा कि जब 1998 में पाकिस्तानी सैनिकों ने कारगिल पर शीत काल में घुसपैठ की थी तो भारत का खुफिया तंत्र समय पर इसका पता नहीं लगा सका। इस पर खुफिया तंत्र ने स्पष्ट किया कि उसे इस बात की जानकारी थी और उसने सरकार को सूचित कर दिया था। तब विपक्ष ने सरकार को निशाना बनाया कि ऐसी घोर लापरवाही का उद्देश्य क्या था? क्या उद्देश्य यह था कि युद्ध जैसे हालात पैदा करने के लिए सरकार इंतजार कर रही थी, ताकि युद्ध में विजय का लाभ आगामी चुनावों में प्राप्त किया जा सके?

शहीद सैनिकों का राजकीय सम्मान

कारगिल युद्ध के बाद शहीद भारतीय सैनिकों के शवों को उनके पैतृक आवास पर भेजने की विशेष व्यवस्था की गई। इससे पूर्व ऐसी व्यवस्था नहीं थी। पैतृक आवास पर शहीद सैनिकों का राजकीय सम्मान के साथ अन्तिम संस्कार किया गया। उनके शवों को ले जाने के लिए काफी मंहगे शव बक्सों (कॉफिन बॉक्स) का उपयोग किया गया। उस समय देश के रक्षा मंत्री जॉर्ज फर्नांडीज थे। उन पर यह आरोप लगा कि शव बक्सों की मंहगी खरीद का कारण कमीशन प्राप्त करना था। यह ताबूत विदेशों से आयात किए गए थे। इससे भारतीय राजनीति का एक घटिया अध्याय लिखा गया। उस समय विपक्ष ने यह प्रचार आरम्भ कर दिया कि शहीदों की निर्जीव देह के लिए प्रयुक्त ताबूतों द्वारा भी धन बटोरने का कार्य किया गया। कारगिल का ऑपरेशन विजय इस कारण भी महत्त्वपूर्ण था क्योंकि पाकिस्तानियों ने इस पर कब्जा करके बढ़त प्राप्त करने की योजना बनाई थी। यदि पाकिस्तानियों को कारगिल से नहीं खदेड़ा जाता तो निकट भविष्य में वे कश्मीर की काफी भूमि पर कब्जा कर सकते थे।

मुशर्रफ से वार्ता

आगरा शिखर वार्ता भारत के पूर्व प्रधानमंत्री अटल बिहारी वाजपेयी और पाकिस्तान के राष्ट्रपति परवेज मुशर्रफ के बीच दोनों देशों की समस्याओं को लेकर हुए एक वार्तालाप को कहा जाता है। अटल बिहारी वाजपेयी ने परवेज मुशर्रफ को आगरा में शिखर वार्ता के लिए आमंत्रित किया। अटलजी चाहते थे कि वार्तालाप के माध्यम से दोनों देशों की समस्याओं का निराकरण किया जाए, लेकिन परवेज मुशर्रफ के व्यक्तित्व को समझने में भूल कर बैठे। परवेज मुशर्रफ ने शाही यात्रा का आनन्द तो उठाया लेकिन समझौते की राह हमवार नहीं हुई। परवेज मुशर्रफ ने भारत सरकार को पूर्व सूचना दिए बगैर ही आगरा के इलेक्ट्रॉनिक मीडिया को संभाषण जारी कर दिया, जिससे भारत की आलोचना हुई। इस संभाषण में भारत का पक्ष भी नकार दिया गया और कश्मीर के मामले को अधिक पेचीदा बनाकर पेश किया गया।

इस प्रकार परवेज मुशर्रफ ने भारत की जमीन पर रहते हुए भारत की जमीन का उपयोग कूटनीति के लिए किया और पाकिस्तानियों में लोकप्रियता हासिल कर ली। कहने का तात्पर्य यह है कि परवेज मुशर्रफ को बेचारा समझकर बुलाया गया लेकिन वह नायक बनकर विदा हुआ। अटलजी के प्रयास सकारात्मक अवश्य थे, लेकिन परवेज मुशर्रफ भारत से सम्बन्ध सुधारने की ख्वाहिश नहीं रखते थे। मुशर्रफ सरकार ने भारत में आतंकवादी घटनाओं को बढ़ावा दिया। परवेज मुशर्रफ और उनकी सरकार ने भारत के साथ कोई भी करार इस शिखर वार्ता के दौरान नहीं किया।

वाजपेयी ने तीन बार पाकिस्तान के साथ रिश्ते बेहतर करने की पहल की जिसका फायदा भी हुआ। आपातकाल के बाद वे जनता पार्टी के संस्थापक-सदस्यों में से एक बने और मोरारजी देसाई सरकार में लगभग दो साल से ज्यादा समय के लिए विदेशमंत्री बने। जब जनता पार्टी का विभाजन हुआ तो जनसंघ के सदस्यों ने 1980 में भारतीय जनता पार्टी का गठन किया और छह साल तक वाजपेयी भाजपा के अध्यक्ष रहे। जब भारतीय जनता पार्टी ने वर्ष 1996 में पहली बार सरकार बनाई तो वाजपेयी ने सरकार का नेतृत्व किया और प्रधानमंत्री बने। लेकिन संसद में बहुमत न हासिल कर पाने के कारण ये सरकार केवल 13 दिन ही चल पाई।

आतंक का साया

पाकिस्तान द्वारा समर्थित आतंकवाद के कारण भारत में अनेक प्रकार की समस्याएँ उत्पन्न हुईं। पाकिस्तान यह अच्छी तरह से समझ चुका था कि भारत से

युद्ध करके जीतना उसके लिए सम्भव नहीं है। इस कारण उसने आतंकवादियों के बल पर नई युद्ध नीति का विकास किया, जिससे कश्मीर के अवाम को सदैव परेशानियाँ भोगनी पड़ीं। अक्टूबर 2002 में आतंकवादियों ने जम्मू-कश्मीर विधानसभा पर आत्मघाती हमला कर दिया। वाजपेयी सरकार का खुफिया तंत्र इस बार भी आतंकवादियों के मंसूबों का पूर्वानुमान नहीं कर पाया। पाकिस्तान बेशर्म की भाँति मुस्कराता रहा और भारत सरकार की प्रशासनिक क्षमता पर प्रश्नचिह्न लग गया। इतना ही नहीं, 13 दिसम्बर, 2001 को भारत की संसद पर आतंकियों ने हमला करके सबको आश्चर्य में डाल दिया। देश की राजधानी में संसद पर हमला किया जाना भारतीय इतिहास के लिए बाकई बेहद शर्म का दिन था। आतंकवादी भारी सुरक्षा के बावजूद संसद परिसर में गोला, बारूद और हथियारों सहित प्रविष्ट हो गए। लोकतंत्र की सबसे बड़ी संस्था पर किया गया हमला पाकिस्तान समर्थित आतंकवाद का ही हिस्सा था। इस हमले के तहत् भारत सरकार ने काफी शोर-शराबा मचाया और कूटनीतिक दबाव बनाने के लिए अंतर्राष्ट्रीय बिरादरी का ध्यान भी आकृष्ट किया। लेकिन जो अपनी रक्षा स्वयं नहीं कर पाता, उसका साथ भला कौन देता है?

भारत ने बेशक संयम से काम लिया, लेकिन आवश्यकता थी कड़े कदम उठाने की। परन्तु अटलजी इस हमले का माकूल जवाब देने में विफल रहे। इस सम्बन्ध में विपक्ष चाहता था कि वाजपेयी सरकार पाकिस्तान को इसका जवाब युद्ध से दे, लेकिन सरकार ने सीमाओं पर भारी तादाद में सेनाओं की तैनाती कर दी। युद्ध के बादल अवश्य मंडराये, लेकिन बरसे नहीं। परमाणु शक्ति दोनों देशों के पास है। इस कारण युद्ध की आशंका से दोनों देशों के निवासी भयभीत थे। वे लोग युद्ध नहीं चाहते थे। यह आतंकवादी कार्रवाई लश्करे तैयबा ने की थी, जिसका पाकिस्तान में पोषण हो रहा था। संसद पर हमला करने वाले पाँच आतंकी थे और पाँचों को ही मार गिराया गया।

भ्रष्टाचार के आरोप

एन.डी.ए. सरकार पर भ्रष्टाचार के अनेक आरोप लगे थे। इनमें सर्वाधिक चर्चित था-तहलका काण्ड। तहलका द्वारा भाजपा सदस्यों सहित सेना के अनेक अधिकारियों को घूस लेते हुए कैमरे में कैद करके सार्वजनिक रूप से उसका टी. वी. चौनल पर प्रदर्शन किया गया था। तब भाजपा अध्यक्ष बंगारू लक्ष्मण और रक्षा मंत्री जॉर्ज फर्नांडीज ने इस्तीफा दे दिया। लेकिन बाद में जॉर्ज फर्नांडीज को पुनः रक्षा मंत्रालय दे दिया गया। इससे जॉर्ज फर्नाडीज की छवि पर ऐसा दाग लगा कि फिर

कभी भी धुल नहीं पाया। उसकी काली छाया भाजपा और अटलजी पर भी पड़ी। संसद का सत्र आहूत किए जाने पर विपक्ष ने जॉर्ज फर्नांडीज को लेकर सदन का कई बार बहिष्कार किया। एन. डी. ए. का कार्यकाल समाप्त होने तक यही स्थिति बनी रही।

चुनावों में पराजय

भाजपा और एन. डी. ए. को यह प्रबल विश्वास था कि जनता उन्हें पुनः अवसर प्रदान करेगी। उन्होंने चमकदार भारत (शाइनिंग इंडिया) और भारत उदय (इंडिया राइजिंग) का चुनावी नारा दिया था। उन्हें मुगालता था कि एन. डी. ए. ने भारत की तस्वीर बदल दी है। एन. डी. ए. अपनी उपलब्धियाँ भी गिनाईं। एन. डी. ए. का कार्यकाल अक्टूबर 2004 में समाप्त होना था। लेकिन उसे लगा कि यदि चुनाव जल्दी करा लिए जाएँ तो इसका फायदा उन्हें अवश्य होगा। इस कारण चुनाव अप्रैल-मई में ही करा लिए गए। लेकिन एन. डी. ए. का पूर्वानुमान गलत साबित हुआ। कांग्रेस ने यू.पी.ए. के रूप में बहुमत प्राप्त कर लिया। उसके बाद से अटलजी भाजपा के लिए कार्य करते रहे।

स्वर्णिम चतुर्भुज परियोजना

भारत भर के चारों कोनों को सड़क मार्ग से जोड़ने के लिए स्वर्णिम चतुर्भुज परियोजना की शुरुआत की गई। इसके अंतर्गत दिल्ली, कलकत्ता, चेन्नई व मुम्बई को राजमार्ग से जोड़ा गया। ऐसा माना जाता है कि अटलजी के शासनकाल में भारत में जितनी सड़कों का निर्माण हुआ इतना सिर्फ शेरशाह सूरी के समय में ही हुआ था।

वाजपेयी और पुतिन

वाजपेयी के कार्यकाल में रूस के राष्ट्रपति पुतिन भारत आए और अहम समझौतों पर हस्ताक्षर हुए इसके बाद फरवरी 1999 में वाजपेयी ने पड़ोसी देश पाकिस्तान से रिश्ते बेहतर बनाने के लिए एक महत्वपूर्ण पहल की और बस यात्रा करते हुए अमृतसर से लाहौर पहुँचे। इसके लिए अंतरराष्ट्रीय और राष्ट्रीय स्तर पर उनकी खासी प्रशंसा हुई।

लेकिन जब कारगिल में पाकिस्तान की ओर से घुसपैठ हुई तब कड़ा रुख अपनाते हुए उन्होंने सैन्य कार्रवाई का आदेश दिया और कई दिन तक चली कार्रवाई में भारतीय सेना घुसपैठियों को खदेड़ दिया।

पाकिस्तान, चीन पर पहल

इसके बाद मध्यावधि चुनाव हुए और 1999 में वाजपेयी तीसरी बार प्रधानमंत्री बने। ये सरकार पूरी पाँच साल चली। वर्ष 2001 में दूसरी बार पाकिस्तान के साथ रिश्ते सुधारने के मकसद से उन्होंने पाकिस्तान के राष्ट्रपति परवेज मुशर्रफ को आगरा शिखर सम्मेंलन के लिए आमंत्रित किया लेकिन इसका नतीजा ज्यादा सकारात्मक नहीं निकल पाया। इसके बाद तीसरी बार मई 2003 में वाजपेयी ने फिर कश्मीर मुद्दे पर पाकिस्तान के साथ बातचीत की पेशकश रखी और उसके बाद से भारत-पाकिस्तान रिश्ते काफी बेहतर हुए हैं।

वाजपेयी के प्रधानमंत्री रहते हुए चीन से भी संबंध बेहतर बनाने की कोशिश हुई और वे चीन यात्रा पर गए। लेकिन उनके इसी कार्यकाल के दौरान गुजरात में मुसलमानों के खिलाफ दंगे हुए जिसमें अनेक लोग मारे गए और इस पर वाजपेयी की कड़ी आलोचना भी हुई। अनेक पर्यवेक्षक मानते हैं कि गुजरात जाकर मुख्यमंत्री नरेंद्र मोदी को राजधर्म का पालन करने की सलाह देने के अलावा, केंद्र सरकार ने उस समय कोई सक्रिय भूमिका नहीं निभाई।

वाजपेयी सरकार के अन्य प्रुख्स कार्य

- एक सौ साल से भी ज्यादा पुराने कावेरी जल विवाद को सुलझाया।
- संरचनात्मक ढाँचे के लिये कार्यदल, सॉफ्टवेयर विकास के लिये सूचना एवं प्रौद्योगिकी कार्यदल, विद्युतीकरण में गति लाने के लिये केन्द्रीय विद्युत नियामक आयोग आदि का गठन किया।
- राष्ट्रीय राजमार्गों एवं हवाई अड्डों का विकास, नई टेलीकॉम नीति तथा कोकण रेलवे की शुरुआत करके बुनियादी संरचनात्मक ढाँचे को मजबूत करने वाले कदम उठाये।
- राष्ट्रीय सुरक्षा समिति, आर्थिक सलाह समिति, व्यापार एवं उद्योग समिति भी गठित कीं।
- आवश्यक उपभोक्ता सामग्रियों की कीमतें नियन्त्रित करने के लिये मुख्यमन्त्रियों का सम्मेंलन बुलाया।
- उड़ीसा के सर्वाधिक गरीब क्षेत्र के लिये सात सूत्रीय गरीबी उन्मूलन कार्यक्रम शुरू किया।
- आवास निर्माण को प्रोत्साहन देने के लिए अर्बन सीलिंग एक्ट समाप्त किया।

- ग्रामीण रोजगार सृजन एवं विदेशों में बसे भारतीय मूल के लोगों के लिये बीमा योजना शुरू की।
- सरकारी खर्चे पर रोजा इफ्तार शुरू किया
- ये सारे तथ्य सरकारी विज्ञप्तियों के माध्यम से समय-समय पर प्रकाशित होते रहे हैं।

कवि के रूप में अटल

अटल बिहारी वाजपेयी राजनीतिज्ञ होने के साथ-साथ एक कवि भी हैं। मेंरी इक्यावन कविताएँ अटलजी का प्रसिद्ध काव्यसंग्रह है। वाजपेयी जी को काव्य रचनाशीलता एवं रसास्वाद के गुण विरासत में मिले हैं। उनके पिता कृष्ण बिहारी वाजपेयी ग्वालियर रियासत में अपने समय के जाने-माने कवि थे। वे ब्रजभाषा और खड़ी बोली में काव्य रचना करते थे। पारिवारिक वातावरण साहित्यिक एवं काव्यमय होने के कारण उनकी रगों में काव्य रक्त-रस अनवरत घूमता रहा है। उनकी सर्व प्रथम कविता ताजमहल थी। इसमें शृंगार रस के प्रेम प्रसून न चढ़ाकर "एक शहंशाह ने बनवा के हसीं ताजमहल, हम गरीबों की मोहब्बत का उड़ाया है मजाक" की तरह उनका भी ध्यान ताजमहल के कारीगरों के शोषण पर ही गया। वास्तव में कोई भी कवि हृदय कभी कविता से वंचित नहीं रह सकता। राजनीति के साथ-साथ समष्टि एवं राष्ट्र के प्रति उनकी वैयक्तिक संवेदनशीलता आद्योपान्त प्रकट होती ही रही है। उनके संघर्षमय जीवन, परिवर्तनशील परिस्थितियाँ, राष्ट्रव्यापी आन्दोलन, जेल-जीवन आदि अनेक आयामों के प्रभाव एवं अनुभूति ने काव्य में सदैव ही अभिव्यक्ति पायी। विख्यात गजल गायक जगजीत सिंह ने अटलजी की चुनिंदा कविताओं को संगीतबद्ध करके एक एल्बम भी निकाला था।

अटलजी की प्रमुख रचनायें

उनकी कुछ प्रमुख प्रकाशित रचनाएँ इस प्रकार हैं :

1. मृत्यु या हत्या
2. अमर बलिदान (लोक सभा में अटलजी के वक्तव्यों का संग्रह)
3. कैदी कविराय की कुण्डलियाँ
4. संसद में तीन दशक
5. अमर आग है
6. कुछ लेखः कुछ भाषण

7. सेक्युलर वाद
8. राजनीति की रपटीली राहें
9. बिन्दु बिन्दु विचार, इत्यादि।

पुरस्कार

1992: पद्म विभूषण
1993: डी लिट (कानपुर विश्वविद्यालय)
1994: लोकमान्य तिलक पुरस्कार
1994: श्रेष्ठ सासंद पुरस्कार
1994: भारतरत्न' पंडित गोविंद वल्लभ पंत पुरस्कार
2014 दिसम्बर में भारतरत्न' से सम्मानित।

जीवन के कुछ प्रमुख तथ्य

आजीवन अविवाहित रहे। वे एक ओजस्वी एवं पटु वक्ता (ओरेटर) एवं सिद्ध हिन्दी कवि भी हैं। परमाणु शक्ति सम्पन्न देशों की संभावित नाराजगी से विचलित हुए बिना उन्होंने अग्नि-दो और परमाणु परीक्षण कर देश की सुरक्षा के लिये साहसी कदम भी उठाये। सन् 1998 में राजस्थान के पोखरण में भारत का द्वितीय परमाणु परीक्षण किया जिसे अमेंरिका की सी0आई0ए0 को भनक तक नहीं लगने दी।

अटल सबसे लम्बे समय तक सांसद रहे हैं और जवाहरलाल नेहरू व इंदिरा गाँधी के बाद सबसे लम्बे समय तक गैर-कांग्रेसी प्रधानमंत्री भी। वह पहले प्रधानमंत्री थे जिन्होंने गठबन्धन सरकार को न केवल स्थायित्व दिया अपितु सफलता पूर्वक संचालित भी किया। अटल ही पहले विदेश मंत्री थे जिन्होंने संयुक्त राष्ट्र संघ में हिन्दी में भाषण देकर भारत को गौरवान्वित किया था।

अटलजी की टिप्पणियाँ

चाहे प्रधानमन्त्री के पद पर रहे हों या नेता प्रतिपक्ष, बेशक देश की बात हो या क्रान्तिकारियों की या फिर उनकी अपनी ही कविताओं की नपी-तुली और बेवाक टिप्पणी करने में अटलजी कभी नहीं चूके। यहाँ पर उनकी कुछ टिप्पणियाँ दी जा रही हैं।

"भारत को लेकर मेंरी एक दृष्टि है- ऐसा भारत जो भूख, भय, निरक्षरता और अभाव से मुक्त हो।"

"क्रान्तिकारियों के साथ हमने न्याय नहीं किया, देशवासी महान क्रान्तिकारियों को भूल रहे हैं, आजादी के बाद अहिंसा के अतिरेक के कारण यह सब हुआ।"

"मेरी कविता जंग का ऐलान है, पराजय की प्रस्तावना नहीं। वह हारे हुए सिपाही का नैराश्य-निनाद नहीं, जूझते योद्धा का जय-संकल्प है। वह निराशा का स्वर नहीं, आत्मविश्वास का जयघोष है।

वाजपेयी ने संन्यास की घोषणा मुंबई में की

भारतीय जनता पार्टी के संस्थापक अध्यक्ष और भारत के पूर्व प्रधानमंत्री अटल बिहारी वाजपेयी ने मुंबई से सत्ता की राजनीति से संन्यास लेने की घोषणा की है। 81 वर्षीय वाजपेयी ने यह घोषणा तब की है जबकि मुंबई में पार्टी अपनी स्थापना के 25 वर्ष पूरे होने पर रजत जयंती समारोह कर रही है। वाजपेयी ने अति संक्षिप्त भाषण में संन्यास की घोषणा करते हुए कहा कि वे अब कोई चुनाव नहीं लड़ेंगे लेकिन पार्टी के लिए काम करते रहेंगे।

संन्यास की घोषणा के समय मुंबई के प्रसिद्ध शिवाजी मैदान पर भाजपा की एक आम सभा में हजारों लोग मौजूद थे।

वाजपेयी ने यह घोषणा ठीक उसी तारीख पर की है, जिस तारीख यानी 29 दिसंबर 1980 को अब से 25 वर्ष पहले भारतीय जनता पार्टी की स्थापना की घोषणा हुई थी और वाजपेयी उस वक्त पार्टी के अध्यक्ष बने थे।

संन्यास

वाजपेयी ने जब यह घोषणा की, उस वक्त कुछ क्षणों के लिए मंच और सभा में सन्नाटा-सा छा गया।

मैं परशुराम की तरह राज्याभिषेक के प्रसंग से अब अपने को अलग कर लेता हूँ, अब मैं चुनाव नहीं लड़ूँगा। मैं काम करूंगा लेकिन सत्ता की राजनीति नहीं करूंगा।

पूर्व प्रधानमंत्री और भारतीय जनता पार्टी के वरिष्ठ नेता अटल बिहारी वाजपेयी की सत्ता की राजनीति छोड़ने की घोषणा के बाद भाजपा का कहना था कि वाजपेयी पार्टी के हिसाब से चलेंगे।

पार्टी के उपाध्यक्ष मुख्तार अब्बास नकवी ने बीबीसी के साथ बातचीत में कहा कि वाजपेयी जी पार्टी के निर्णय से बँधे हुए हैं और जो भी पार्टी तय करेगी वे उसी के हिसाब से चलेंगे।

नकवी ने कहा, "जहाँ तक सत्ता की राजनीति से अलग होने का प्रश्न है तो अटलजी कभी अपनी इच्छा से सत्ता की राजनीति में न रहे हैं और न ही अपनी इच्छा से सत्ता की राजनीति छोड़ने के लिए पार्टी उन्हें अनुमति देगी।"

पूर्व प्रधानमंत्री अटल बिहारी वाजपेयी पहले भी ऐसी घोषणा कर चुके हैं लेकिन बाद में दबाव के आगे झुकते हुए उन्होंने इसे वापस ले लिया है।

मुख्तार अब्बास नकवी ने कहा कि वाजपेयी जी ने अपनी भावना व्यक्त की है। लेकिन अटलजी पार्टी के निर्णय के साथ बँधे हुए हैं।

पार्टी प्रवक्ता प्रकाश जावड़ेकर ने कहा कि वाजपेयी जी ने स्पष्ट किया है कि वे पार्टी के लिए संघर्ष करते रहेंगे और काम जारी रखेंगे।

जावड़ेकर ने कहा, "वाजपेयी जी हमें मार्गदर्शन देते रहेंगे। उन्होंने सिर्फ यह कहा है कि वे चुनाव नहीं लड़ना चाहते, लेकिन इस बारे में विस्तार से वे अपने समापन भाषण में चर्चा करेंगे।"

चुपचाप सब देख रहे हैं अटल बिहारी वाजपेयी

अशोक रोड स्थित बीजेपी मुख्यालय से पांच मिनट की दूरी पर अटल बिहारी वाजपेयी का घर है। अपने कृष्णा मेंनन मार्ग वाले बंगले में अटल बिहारी वाजपेयी खामोशी से वीलचेयर पर बैठे या तो टीवी देखते रहते हैं या अखबारों की सुर्खियां पढ़ते रहते हैं। 2009 में एक स्ट्रोक पड़ने के बाद से अपने भाषणों से भीड़ को बांध देने वाले वाजपेयी अब खामोश रहते हैं।

कुल तीन बार भारत के प्रधानमंत्री रहे अटलजी ने करीब एक दशक पहले राजनीति को अलविदा कह दिया था। आज बीजेपी पर नरेंद्र मोदी की पकड़ मजबूत हो गई है जिन्हें वह 2002 दंगों के बाद मुख्यमंत्री पद से हटा देना चाहते थे। पार्टी में वाजपेयी के कुछ करीबी दोस्त और फॉलोअर खुद को अलग-थलग सा महसूस कर रहे हैं।

पुराने सुनहरे दिनों की तरह अब कोई उनके पास न पार्टी से संबंधित शिकायतें लेकर आता है और न ही उनकी कविताएं सुनने। अटलजी के 60 साल पुराने दोस्त एनएम घटाटे, लाल कृष्ण आडवाणी और बीसी खंडूरी ही नियमित रूप से उनसे मिलने या उनकी बेटी नमिता से उनका हालचाल पूछने चले आते हैं।

घटाटे लगभग हर हफ्ते या कभी हफ्ते में दो बार भी उनसे मिलने आते हैं। वह कहते हैं, मनमोहन सिंह नियमित रूप से अटलजी के स्वास्थ्य के बारे में पूछते हैं और उनके जन्मदिन पर उन्हें खुद कॉल कर विश करना कभी भी नहीं भूलते।

घटाटे ने कहा, इन दोनों का साथ बहुत पुराना है। घटाटे बताते हैं कि कैसे तत्कालीन प्रधानमंत्री पी.वी नरसिम्हा राव ने अटलजी के पास शिकायत करने के लिए फोन किया था कि विपक्ष द्वारा की गई बजट की बुराई दिल पर लेकर उनके वित्त मंत्री (मनमोहन सिंह) ने रिजाइन करने की पेशकश की है।

अपने करियर का अधिकतर वक्त विपक्ष में बैठकर बिताने वाले वाजपेयी के निशाने पर नेहरू से लेकर इंदिरा गाँधी तक रहे, लेकिन उन्हें अहसास नहीं था कि उनकी आलोचना किसी को इतना दुख पहुंचा सकती है। घटाटे ने बताया कि वाजपेयी ने तुरंत मनमोहन सिंह को फोन लगाया और उन्हें कहा कि इस तरह की बातें दिल पर न लें। यह बातें सिर्फ राजनीतिक पॉइंट्स बनाने के लिए कही गई हैं। इस तरह राव सरकार को वाजपेयी ने बड़ी फजीहत से बचा लिया। वहीं से इस नई दोस्ती की शुरुआत हुई।

घटाटे कहते हैं कि वाजपेयी आज भी मेंटली अलर्ट हैं, लेकिन स्ट्रोक ने उनसे बोलने की ताकत छीन ली है। वह खुद को किताबों और लेखन में ही व्यस्त रखते हैं। घटाटे को वाजपेयी की खुशमिजाजी की कमी सबसे ज्यादा खलती है।

2004 में चुनाव हारने के बाद वाजपेयी ने एनडीए के गठबंधन के एक्सपेरिमेंट की सफलता पर चार पेज का आर्टिकल लिखा। उसमें उन्होंने लिखा कि कैसे कांग्रेस ने भी यही फॉर्मूयुला अपनाया और गठबंधन की राजनीति का महत्व हमेंशा बरकरार रहेगा।

घटाटे बताते हैं कि वाजपेयी के दिन का ज्यादा वक्त डॉक्टरों के साथ बीतता है। वह कहते हैं, मैं वहाँ जाता हूं और उन्हें देखता रहता हूं या उनके परिवार वालों से बात कर लेता हूं। वह समझते सबकुछ हैं लेकिन बोल नहीं पाते। वाजपेयी को उनका फेवरिट खाना- चाइनीज और प्रॉन्स थोड़ा ही दिया जाता है।

खबर है कि पिछली एनडीए सरकार में उनके डेप्युटी पीएम रहे आडवाणी ने लोगों को काफी उत्साहित होकर बताया है कि वाजपेयी जी से उनका हर बात पर विचार-विमर्श होता है। जब उनसे पूछा गया कि क्या बीजेपी नेता अब भी सलाह के लिए उनके पास जाते हैं, तो उन्होंने अप्रकट रूप से कहा है, अगर उन्हें जरूरत हो तो। घटाटे उनसे 1950 में पहली बार मिले थे। वाजपेयी घटाटे के पिता को जानते थे। उन्होंने घटाटे को अपनी दिल्ली विंग में लिया और उन्हें छोटे भाई की तरह रखा।

घटाटे को वाजपेयी का हंसमुख नेचर बहुत याद आता है। जब घटाटे ने उन्हें मनमोहन सिंह के पहले नैशनल सिक्यॉरिटी अडवाइजर की मौत के बारे में बताया

तो वाजपेयी ने कहा था, वह एक अच्छा आदमी था। लेकिन उसकी दिक्कत यह थी कि वह बहुत मेंहनत करता था और परिणाम के बारे में बहुत ज्यादा सोचता था।

घटाटे ने जब कहा कि वाजपेयी के नैशनल सिक्यॉरिटी अडवाइजर ब्रजेश मिश्रा भी बहुत मेंहनती थे तो उन्होंने शरारती मुस्कुराहट के साथ कहा, हां, ब्रजेश भी मेंहनती था लेकिन उस वक्त परिणाम की चिंता मैं करता था। घटाटे वाजपेयी के चुटकुले और हाजिरजवाबी को एक किताब में संजो रहे हैं। अब तक उन्हें करीब 80 जोक्स मिल चुके हैं और उन्हें उम्मीद है कि और भी बड़ी आसानी से मिल जाएंगे।

2

सांसद और प्रधानमंत्री के रूप में देश की सेवा

डॉ. श्याम प्रसाद मुखर्जी की अध्यक्षता में भारतीय जनसंघ का गठन राष्ट्रीय स्वयं सेवक संघ के प्रतिनिधि राजनीतिक दल के रूप में हुआ, जो इस दल के संगठन के साथ ही श्री वाजपेयी इसके अध्यक्ष के निजी सचिव नियुक्त हो गए। इस तरह आज जो भाजपा के सदस्य हैं, उनमें श्री वाजपेयी राष्ट्रीय स्वयंसेवक संघ के ही नहीं 'जनसंघ' के भी सबसे प्राचीन सदस्य हैं।

1952 के चुनावों में भारतीय जनसंघ ने राजनीतिक पार्टी के रूप में भाग लिया। किन्तु उसे कोई उल्लेखनीय सफलता नहीं मिली। फिर भी डॉ. श्याम प्रसाद मुखर्जी एवं जनसंघ के अन्य नेता राष्ट्रहित में पूरे जोर-शोर से कार्य करते रहे। 1952 के आम चुनावों के ठीक एक साल बाद जम्मू आन्दोलन काफी जोरों पर था।

जनसंघ के अध्यक्ष के रूप में डॉ. श्याम प्रसाद मुखर्जी जम्मू-कश्मीर में लोगों में उत्साह भरने में लगे थे और श्री वाजपेयी उनका साथ दे रहे थे। कश्मीर की सरकार ने अध्यक्ष डॉ. श्याम प्रसाद मुखर्जी को गिरफ्तार कर लिया और जेल में 23 जनू

1953 को उनकी मृत्यु हो गई। कुछ लोगों का मानना है कि किसी साजिश के अन्तर्गत श्री मुखर्जी की हत्या कर दी गई।

एक तरह से श्री अटल बिहारी वाजपेयी के कंधों पर ही भारतीय जनसंघ का कार्य आ पड़ा। श्री वाजपेयी जी अब भारतीय जनसंघ पार्टी को मजबूत करने में पूरी तरह सक्रिय हो गए। इस पार्टी को 1957 के आम चुनावों में संसद के लिए चार स्थानों पर विजय प्राप्त हुई। बलराम पुर लोक सभा क्षेत्र से विजयी होकर श्री वाजपेयी केन्द्र में पधारें। वे दो अन्य स्थानों से भी खड़े थे। ये दो स्थान थे—लेखनऊ और मथुरा। बलरामपुर से वे विजयी अवश्य हुए, लेकिन लखनऊ में भी उन्हें अच्छा समर्थन प्राप्त हुआ। मथुरा में कोई अच्छा उम्मीदवार नहीं मिल रहा था, अतः पार्टी को श्री वाजपेयी को ही खड़ा करना पड़ा था। जनसंघ पार्टी के पूर्ण कार्यकर्ता श्री नारायण तिवारी ने बलरामपुर में जनसंघ के लिए अच्छी भूमि तैयार कर दी थी। इसके पूर्व श्री तिवारी वहीं राष्ट्रीय स्वयंसेवक संघ के प्रमुख प्रचारकर्ता थे। पार्टी को इसलिए किसानों, कर्मचारियों, शिक्षकों, व्यापारियों और विशेषकर युवा वर्ग का समर्थन प्राप्त हुआ।

वस्तुतः बलरामपुर एक रियासत थी, जिसका विलय उत्तर प्रदेश में हो गया था। रजवाड़े और रियासतें कांग्रेस पार्टी के पक्ष में कम ही रहीं। एक यह भी कारण था बलरामपुर से जनसंघ के विजयी होने का। कांग्रेस का उम्मीदवार 10,000 मतों से पराजित हो गया। मथुरा में श्री वाजपेयी की, जैसी कि सम्भावना थी, जमानत जप्त हो गई। लखनऊ में वह मात्र 12,000 मतों से विजयी कांग्रेस-उम्मीदवार से पराजित हुए थे।

इस प्रकार 1957 के आम चुनावों से जनसंघ का संसद में प्रवेश हुआ। इसके चार सांसदों में वाजपेयी, महाराष्ट्र से श्री उत्तमराव पाटिल तथा श्री प्रेमजी भाई तथा हरदोई के सुरक्षित स्थान से विजयी हुए उम्मीदवार शामिल थे। लोक-सभा और विधान-सभा का चुनाव साथ ही हुए थे। भारतीय जनसंघ को 6% वोट मिला था। 3% वोट नहीं मिलने पर, पार्टी की मान्यता समाप्त हो सकती थी। इसी आधार पर राम राज्य परिषद्, हिन्दू महासभा आदि की मान्यता इस चुनाव में समाप्त हो गई।

भारतीय जनसंघ पार्टी के सभी सदस्य अभी नए व अनुभवहीन सांसद बनकर पधारे थे। इसके पूर्व कोई विधायक भी नहीं बना था। अतः इनको विधायी कार्यों का कोई पूर्व अनुभव भी नहीं था। जनसंघ के सदस्यों को संख्या बल के आधार पर पिछली सीटें मिली। ऐसी स्थिति में पार्टी को लोक-सभा में अपना प्रभाव

छोड़ना एक कठिन कार्य था। फिर भी श्री वाजपेयी अपने बोलने के लिए लोक-सभा अध्यक्ष से समय ले ही लेते। अंग्रेजी अच्छी होने के बावजूद भी वे हिन्दी में ही बोलते और उनकी भाषा तथा शैली से प्रभावित होकर सांसद उनके भाषणों को बड़ी उत्सुकता से सुनते। विदेश-नीति उनका प्रिय विषय था और इस पर उनके भाषण खोजपूर्ण और प्रभावशाली होते। इन्होंने भारत-तिब्बत एवं भारत-चीन सम्बन्धों पर अत्यन्त उपयोगी विचार प्रकट किए थे। कश्मीर-विवाद पर भी 1960 में उन्होंने अपना एक संशोधन-प्रस्ताव रखते हुए कश्मीर को भारत का अभिन्न अंग बताया था। मूल प्रस्ताव तारिक ने रखा था। श्री वाजपेयी ने इसमें संशोधन संख्या 3-4 रखे थे। उनका मानना था कि संयुक्त राष्ट्र संघ में कश्मीर सम्बन्धी प्रश्न जाना ही नहीं था और यदि वह चला भी गया है, तो इससे कोई अन्तर नहीं आता है; क्योंकि इस पर अधिक जोर देने की आवश्यकता नहीं है। भारत को राष्ट्र संघ से राहत मिले, इसकी सम्भावना नहीं है। श्री वाजपेयी ने कहा था कि जब उत्तरी कोरिया ने दक्षिणी कोरिया पर आक्रमण किया था, तो मात्र 24 घण्टे के अन्दर ही संयुक्त राष्ट्र संघ ने उत्तरी कोरिया को आक्रामक घोषित कर दिया था तथा दक्षिणी कोरिया की रक्षा हेतु कदम भी उठाये थे परन्तु कश्मीर मामले में संयुक्त राष्ट्र संघ ने वे मानदंड नहीं अपनाए।

श्री वाजपेयी का कहना था कि संयुक्त राष्ट्र संघ से पृथक् अन्य उपायों का सहारा लेना चाहिए और ऐसा प्रयत्न करना चाहिए कि जम्मू-कश्मीर के जिस भाग पर पाकिस्तान का अतिक्रमण कायम है, वहाँ से उसे हटाया जाये। श्री वाजपेयी ने 22 अप्रैल 1960 के अपने संशोधन प्रस्ताव में स्पष्ट किया था कि भले ही जो प्रश्न संयुक्त राष्ट्र संघ को भेज दिया गया है, उसे तकनीकी कारणों से वापस नहीं लिया जा सकता, फिर भी यदि सरकार चाहे, तो उस प्रश्न पर आगे वार्तालाप करने से या चर्चा करने से इनकार कर सकती है। पूर्व में भी जब यह माँग उठाई गई थी कि राष्ट्र संघ से कश्मीर का प्रश्न वापस ले लिया जाए, तो प्रधानमन्त्री ने यह तकनीकी आपत्ति उपस्थिति की थी कि जो प्रश्न वहाँ भेज दिया जाता है, उसे वापस नहीं लिया जा सकता है। यदि सचमुच ऐसा है, तो हम भले ही प्रश्न को वापस न लें, किन्तु इस बात का प्रयास करें कि संयुक्त राष्ट्र संघ जम्मू-कश्मीर के प्रश्न पर विचार ही नहीं करे। इसका कारण है और वह यह कि संयुक्त राष्ट्र संघ भारत के साथ न्याय करने में सफल नहीं हुआ है।

उनका कहना था कि पाकिस्तान ने सबसे पहले जम्मू-कश्मीर पर आक्रमण किया। जो किसी से छिपी नहीं है। जो प्रतिनिधि राष्ट्र संघ से कश्मीर आए थे, उन्होंने

भी यह माना था कि पाकिस्तान आक्रामक है। इसके बावजूद संयुक्त राष्ट्र संघ ने अपने कर्तव्य का निर्वहन नहीं किया। वस्तुतः इस सवाल को संयुक्त राष्ट्र संघ में भेजने की आवश्यकता नहीं थी। हम खुद इसका हल निकाल सकते थे। हल निकालने का प्रयास नहीं करना चाहिए था। हल हो भी रहा था। हमारी सेनाएँ युद्ध-क्षेत्र में पाकिस्तानी सेनाओं को पराजित करते हुए निरन्तर आगे बढ़ रही थी। जब हम विजय पर विजय प्राप्त कर रहे थे, तब हमारी सरकार ने युद्ध-विराम स्वीकार कर लिया। इसका फल यह है कि कश्मीर का एक तिहाई भाग आज भी पाकिस्तान के अधिकार में है। हम युद्ध के मैदान में नहीं हारे हैं। हमारा देश युद्ध में पराजित नहीं हुआ है। हम हारे हैं, सन्धि में।

श्री वाजपेयी के अनुसार भारत सरकार के लिए सन्धियों का और समझौतों का इतिहास उतना सम्मानजनक नहीं है। यदि सरकार युद्ध-विराम समझौता स्वीकार नहीं करती, तो हो सकता है हम पूरे कश्मीर को वापस ले लेते। श्री वाजपेयी ने उस समय जो भाषण दिया था, उसी पर वह उस समय भी कायम रहे, जब वह विदेश मन्त्री और फिर प्रधानमन्त्री बने।

उतार-चढ़ाव

संसदीय जीवन में श्री वाजपेयी पराजय का मुख अल्प ही देखे हैं। वह प्रायः हर संसदीय चुनाव में भारी मतों से विजयी होते रहे। किन्तु कुछ अपवाद भी है।

बलरामपुर वाजपेयी जी का संसदीय क्षेत्र था। 1962 के आम चुनावों में वाजपेयी जी को हार का मुख देखना पड़ा था। इस आम चुनाव में कांग्रेस के उम्मीदवार ने 1052 मतों से उनको हरा दिया। माना जाता है कि इस चुनाव में बलरामपुर में कांग्रेस की ओर से श्री वाजपेयी को हराने के लिए कोई कोर-कसर नहीं छोड़ी गई थी। कांग्रेस उम्मीदवार के लोगों ने उचित-अनुचित सभी उपायों को अपनाया था, वरना श्री वाजपेयी ने संसद में इतना अच्छा प्रभाव डाला था कि बलरामपुर के लोगों को उन्हें पराजित करने का कोई कारण नहीं था। चुनाव के समय साम्प्रदायिक तनाव भी हुआ और बहुत से जनसंघ के मतदाता, खासकर औरतें चुनाव में भाग नहीं ले सकीं।

जनसंघ फिर भी संसद में 14 सदस्य भेजने में समर्थ हुआ। इस संख्याबल के आधार पर अटलजी राज्य-सभा के लिए चुन लिए गए। उनके साथ पं. दीनदयाल उपाध्याय भी जनसंघ से राज्य-सभा में आए। राज्य-सभा के सभापति उस समय डॉ. राधाकृष्ण थे। वह अटलजी की वाचाशक्ति से पूरी तरह परिचित थे। उन्होंने

राज्य-सभा में अटलजी को प्रथम पंक्ति में बैठने का स्थान दिया। राज्य-सभा में भी श्री अटल बिहारी वाजपेयी ने अपनी योग्यता के अनुरूप जनसंघ का बहुत अच्छी तरह प्रतिनिधित्व किया। उनकी भाषण कला यहाँ भी रंग लाई। भूतपूर्व राष्ट्रपति डॉ. राजेन्द्र प्रसाद के निधन के अवसर पर राज्य-सभा में उन्हें 1 मार्च 1963 को श्रद्धांजलि दी गई। उस समय श्री वाजपेयी ने डॉ. प्रसाद के प्रति जिस भाषा में श्रद्धांजलि अर्पित की, वह अपने में अनूठी थी। उनके श्रद्धांजलि भाषण का एक अंश नीचे दिया जा रहा है–

'चिन्तन-मनन में, भाव में, खान-पान में, चाल-ढाल में, रूप-रंग में डॉ. राजेन्द्र प्रसाद भारत की सनातन संस्कृति के नित्य नूतन प्रतिनिधि थे। विद्वत्ता के साथ विनय, शासन के साथ सौजन्य, वज्र के समान कठोर, किन्तु कुसुम के समान मृदुल उनका जीवन भावी संतति के लिए सदैव प्रेरणा देता रहेगा।'

इसी प्रकार जब प्रधानमन्त्री पं. जवाहरलाल नेहरू का देहान्त 27 मई 1964 को हुआ, उनको राज्य-सभा में श्रद्धांजलि अर्पित करने वालों में श्री अटल बिहारी वाजपेयी भी थे। इस अवसर पर उन्होंने जो उद्गार व्यक्त किया, वह राज्य-सभा के रिकार्ड में स्वर्णांकित हो चुका है–

'एक सपना था, जो अधूरा रह गया; एक गीत था, जो गूँगा हो गया; एक लौ थी, जो अनन्त में विलीन हो गई। सपना था एक संसार का, जिसमें गीता की गूँज और गुलाब की गंध थी, लौ थी एक ऐसे दीपक की, जो रात-भर जलता रहा, हर अँधेरे से लड़ता रहा और हमें रास्ता दिखाकर एक प्रभात में निर्वाण को प्राप्त हो गया।'

'मृत्यु ध्रुव है, शरीर नश्वर है। कल, कंचन की जिस काया को हम चन्दन की चिता पर चढ़ाकर आए, उसका नाश निश्चित था, लेकिन क्या वह जरूरी था कि मौत इतने चोरी-छिपे आती? जब संगी-साथी सोए पड़े थे, जब पहरेदार बेखबर थे, हमारे जीवन की अमूल्य निधि लुट गई।'

'भारत माता आज शोकमग्न है। उसका सबसे प्रिय लाडला राजकुमार खो गया। मानवता आज खिन्नवदना है, उसका पुजारी आज सो गया। शान्ति आज अशान्त है, उसका रक्षक चला गया। दलितों का सहारा छूट गया। जन-जन की आँख का तारा टूट गया। यवनिका-पात हो गया। विश्व के रंगमंच का प्रमुख अभिनेता अपना अन्तिम अभिनय दिखाकर अन्तर्धान हो गया।'

लोकसभा के चौथे आम चुनाव 1967 में सम्पन्न हुए। इस बार फिर श्री वाजपेयी अपने संसदीय क्षेत्र बलरामपुर से खड़ा हुए। इस बार उन्होंने कांग्रेस

उम्मीदवार को 31,742 मतों से पराजित कर लोक-सभा में पहुँचे। अपनी इस पारी में श्री वाजपेयी ने अच्छा प्रदर्शन किये। उनके कई भाषण काफी महत्त्वपूर्ण रहे। उन्होंने काहिरा में आयोजित इस्लामी सम्मेंलन तथा कुआलालम्पुर सम्मेंलन के सम्बन्ध में प्रभावशाली भाषण दिए। उनके अनुसार भारत ने इस्लामी गुट में शामिल होने की कोशिश कर अफ्रीकी और एशियायी देशों की एकजुटता को चोट पहुँचाई है, साथ ही अरब देशों की एकता को भी भंग किया है। उनके अनुसार मजहब के आधार पर गुट बनाने का विश्व में प्रयास हो रहा है। यह एक खतरनाक प्रवृत्ति है। इसका हमें विरोध करना चाहिए। श्री वाजपेयी का कथन था कि धर्मनिरपेक्षता का अर्थ देश के अन्दर सभी धर्मों को एक सृदश समझना है और मजहब को राजनीति से पृथक् रखना है।

पाकिस्तान द्वारा बांग्लादेश के निवासियों पर हो रहे अत्याचारों पर भी श्री वाजपेयी ने अपने विचार प्रकट किए। श्री अटलजी ने जम्मू-कश्मीर के सम्बन्ध में भी अपने एक भाषण में कहा कि संविधान में धारा 370 के अन्तर्गत जम्मू-कश्मीर को जो विशेष दर्जा दिया गया है, वह उचित नहीं है। इस धारा में परिवर्तन होना चाहिए। उन्होंने कहा कि धारा 370 में उल्लेख किया गया है कि यदि कोई कानून जम्मू-कश्मीर में लागू किया जाएगा, तो वह वहाँ की विधान-निर्माता-परिषद् की सलाह पर ही लागू होगा। श्री वाजपेयी ने इस ओर भी सदन का ध्यान आकृष्ट किया कि यह विडम्बना ही है कि जम्मू-कश्मीर में वह व्यक्ति जमीन नहीं खरीद सकता, जो वहाँ का नागरिक नहीं है। संविधान में 370 की आवश्यकता नहीं है। यदि जमीन खरीदने पर ही प्रतिबन्ध लगाना है, तो वह इस धारा के न रहने पर भी लगाया जा सकता है। यूँ भारत के हर नागरिक को देश के किसी भी भाग में बसने, सम्पत्ति खरीदने, रोजगार-व्यवसाय करने का अधिकार होना आवश्यक है। श्री वाजपेयी ने जम्मू-कश्मीर के आर्थिक विकास और औद्योगीकरण पर भी अपने भाषण में जोर दिया। वहाँ की बरोजगारी पर भी चिन्ता व्यक्त की।

महाशक्ति अमेंरिका ने जब वियतनाम पर आक्रमण किया, तो श्री वाजपेयी ने वियतनाम की यात्रा की और वियतनाम की लड़ाई को स्वतन्त्रता की लड़ाई की संज्ञा दी। उन्होंने अमरीका के सदृश महाशक्ति की परवाह किए बना, उसे स्पष्ट शब्दों में आक्रामक घोषित किया। उनके शब्दों में–

"सदियों से वियतनाम की जनता अपनी स्वतन्त्रता के लिए, प्रभुसत्ता के लिए संघर्ष कर रही है। पहले वह चीन से लड़ी थी, बाद में उसने जापान से मोर्चा लिया, फिर उसने उपनिवेशवाद फ्रांस को पराजित किया और आज दुनिया की

सबसे बड़ी शक्ति के साथ वियतनाम के लोग टक्कर ले रहे हैं...। ऐसा लगता है कि दुनिया की बड़ी ताकतों में वियतनाम के बारे में कोई गुप-चुप अलिखित समझौता हो गया, जिसके कारण वियतनाम का मामला हल करने के लिए न तो संयुक्त राष्ट्र संघ में और न जेनेवा-सम्मेंलन के बाद संयुक्त राष्ट्र संघ के बाहर कोई कदम उठाया गया।"

'वियतनाम की जनता चाहे उत्तर में हो या दक्षिण में, एक भयंकर संघर्ष से गुजर रही है, बड़ी-से-बड़ी कीमत दे रही है। रक्तरंजित वियतनाम सारी मानवता के लिए चुनौती है, लेकिन दुनिया की बड़ी-बड़ी राजधानियाँ या तो केवल हथियार देकर सन्तोष कर रही हैं या वियतनाम की सफलता की कामना करके अपने कर्तव्य की इतिश्री समझ रही हैं।

'उत्तरी वियतनाम से ऐसी कार्यवाई की खबरें आई हैं, जिसके कारण अमरीकी शासन को अमरीकी जनता की आँखों में धूल झोंककर अपने को वियतनाम के संघर्ष में फँसाने का मौका मिल गया, पेंटागन पेपर्स प्रकाशित हो गए हैं। किन कारणों से अमरीका रो वहाँ फंसा, यह अब कोई पहेली नहीं रही। वियतनाम का संघर्ष मुख्य रूप से एक राष्ट्रीय आजादी का संघर्ष है। वियतनाम कम्यूनिस्ट बने या न बने, यह प्रश्न गौण है। पहले वियतमान पूरी तरह स्वाधीन होना चाहिए। दूसरी बात यह है, भारत ऐसा वियतनाम देखना चाहेगा और केवल वियतनाम ही नहीं, लाओस भी, कम्बोडिया भी, जो स्वतन्त्र हों, तटस्थ हों, न्यूट्रल हों, नॉनएलाइड हों, जो किसी गुट को अपने साथ न बाँधें और इस क्षेत्र में शान्ति के निर्माण में योगदान दें। इस प्रकार का वियतनाम युद्ध में से नहीं निकलेगा।'

श्री वाजपेयी ने अपने भाषण में कहा था कि अमरीका की जनता को यह समझ लेना चाहिए कि वियतनाम अपनी स्वतन्त्रता के लिए लड़ रहा है और वह किसी का उपनिवेश बनकर नहीं रहेगा।

श्री वाजपेयी की भविष्यवाणी सही हुई, अन्ततः अमरीका को वियतनाम युद्ध समाप्त कर स्वयं वहाँ से बाहर होना पड़ा। वियतनाम में उसकी एक तरह से पराजय ही हुई।

आपातकाल और श्री वाजपेयी

पांचवीं लोकसभा के गठन के लिए 1972 में आम चुनाव सम्पन्न हुए। इस बार वाजपेयी अपने संसदीय क्षेत्र बलरामपुर से न खड़ा होकर ग्वालियर से चुनाव लड़ा था और विजयी होकर संसद में पहुंचे थे। श्री वाजपेयी का गृह-नगर भी ग्वालियर

है। केन्द्र में कांग्रेस की सरकार बनी। श्रीमती इन्दिरा गाँधी भारत की प्रधानमंत्री बनी। उन्होंने जून 1975 में आन्तरिक आपातकाल की घोषण कर दी। इसकी चर्चा श्रीमती गाँधी से सम्बन्धित आलेख में की जा चुकी है। श्री अटल बिहारी वाजपेयी को अन्य विरोधी नेताओं के साथ गिरफ्तार किया गया। कैद के काल का अटलजी ने सदुपयोग किया। उन्होंने अपनी काव्य-प्रतिभा को परवान चढ़ाया। उन्होंने इस दौरान अन्य छिट-पुट कविताओं के अलावा 70 की संख्या में कुंडलियाँ लिखी। इस काव्य-पंक्तियों में आपातकालीन स्थितियों का यथार्थपरक तथा व्यंग्यात्मक वर्णन किया गया है।

स्वतन्त्रता दिवस हर वर्ष की तरह 15 अगस्त 1975 को मनाया गया। अटलजी ने जेल में ही इस अवसर पर एक कुंडली रची। यह कुंडली व्यंग्यपूर्ण तो है ही, निराशा के घोर अन्धकार में आशा की एक दीपशिखा-सी भी प्रतीत हो रही है। यह कुंडली यथावत नीचे दी जा रही है—

'आजादी का दिन मना
नई गुलामी बीच,
सूखी धरती, सूना अम्बर,
मन-आँगन में कीच।
मन-आँगन में कीच,
कमल सारे मुरझाये।
एक-एक कर बुझे दीप,
अंधियारे छाये।
कह कैदी कविराय,
न अपना छोटा जी कर।
चीर निशा का वृक्ष,
पुनः चमकेगा दिनकर।'

विभिन्न पार्टियों के नेताओं ने आपातकाल के दौरान यह तय किया कि एक साथ मिलकर कांग्रेस (ई) का सामना करना है। आपातकाल 18 माह के बाद हटा। और आम चुनाव की घोषण की गई। भारतीय जनसंघ पार्टी में अटलजी को छोड़कर ऊँचे कद का कोई नेता था ही नहीं। अतः अटलजी ने नव-निर्मित जनता पार्टी में सम्मिलित हो गया। यह निर्णय अटलजी का ही था।

कई नेताओं का स्वास्थ्य जेल में खराब हो गया था। अटलजी भी जेल की विपरीत परिस्थितियों के आखेट हुए। बीमार होने पर इन्हें 'ऑल इंडिया मेंडिकल

इंस्टीट्यूट' में भर्ती कराया गया। वह सौभाग्यवश स्वस्थ हो गए। आपातकाल के दौरान जेल में जब एक वर्ष व्यतीत हुआ था, तो उन्होंने एक बड़ी अच्छी कविता लिखी थी। इस कविता की कोमलता तथा इसमें स्थान-स्थान पर उपलब्ध अनुप्रासालंकार की छटा देखते ही बनती है—

'एक बरस बीत गया।
झुलसता जेठ मास,
शरद चाँदनी उदास।
सिसकी भरते सावन का,
अंतर्घत रीत गया।
एक बरस बीत गया।
सीखचों में सिमटा जग,
किन्तु विकल प्राण विहग।
धरती से अम्बर तक,
गूँज मुक्ति गीत गया।
एक बरस बीत गया।
पथ निहारते नयन,
गिनते दिन, पल, छिन।
लौट कभी आएगा,
मन का जो मीत गया।
एक बरस बीत गया।'

अटलजी की कविताओं के कई संग्रह अब तक प्रकाशित हो चुके हैं। इन संग्रहों के अध्ययन से उनकी विलक्षण काव्य-प्रतिभा से पाठकों का सहज ही परिचय हो जाता।

विदेशमन्त्री श्री अटलबिहारी वाजपेयी

मार्च, 1977 में 6वीं लोकसभा गठन के लिए आम चुनाव सम्पन्न हुआ। इस चुनाव में आपातकालीन ज्यादतियों का दुष्परिणाम कांग्रेस (ई) को झेलना पड़ा। वह बुरी तरह पराजित हुई, यहाँ तक कि स्वयं श्रीमती इन्दिरा गाँधी भी पराजित हो गईं। मोरारजी देसाई प्रधानमन्त्री बने। मोरारजी की मन्त्री-परिषद् में विदेशमन्त्री के रूप में श्री अटल बिहारी वाजपेयी भी सम्मिलित हुए। अटलजी को विदेशी मामलों में पहले से ही रुचि थी। उन्होंने इस मन्त्रालय को अच्छी तरह सँभाला और कई देशों की

यात्राएँ भी की। अपने विदेश-मन्त्रित्व-काल में वे प्रायः देश से बाहर ही रहते थे। उनकी इस प्रवृत्ति पर प्रधानमन्त्री मोरारजी देसाई ने कटाक्ष किया था—'कभी देश में भी रहा कीजिए।' इसकी चर्चा पहले भी हो चुकी है।

जनता पार्टी का शासन बहुत लम्बा नहीं खिंचा, अतः विदेश मन्त्री के रूप में अटल बिहारी वाजपेयी भी लम्बी अवधि तक अपना योगदान नहीं दे सकें। इस अवधि में भी श्री वाजपेयी ने देश के हित में जो कुछ बन सका, किया। उनकी अधिक विदेश यात्राओं की जो आलोचना हो, किन्तु उनके द्वारा किए गए अच्छे कार्यों की सराहना भी होनी चाहिए। पाकिस्तान के साथ सम्बन्ध उन दिनों बहुत कटुतापूर्ण हो रहे थे। विदेशमन्त्री के रूप में श्री वाजपेयी ने पाकिस्तान की यात्रा की और वहाँ के शासक जिया-उल-हक से वार्तालाप किया। इसके फलस्वरूप फरक्का-गंगाजल बँटवारे पर सहमति हुई। पाकिस्तान के साथ रेल-यात्रा भी आरम्भ हुई। बांग्लादेश के साथ गंगाजल वितरण पर भी श्री वाजपेयी ने समझौता करने का प्रयास किया। यदि वह कुछ दिनों तक और विदेश मन्त्रालय को सँभालते, तो यह समझौता ठोस रूप ले लेता। इस समझौते के सम्बन्ध में चर्चा उन्होंने 29 जून 1977 के अपने भाषण में लोक-सभा में की थी। अभिलेखों के आधार पर उसका एक अंश यहाँ दिया जा रहा है—

"हमारी सरकार ने गंगाजल के वितरण पर बांग्लादेश के साथ एक सहमति—आधार तैयार करने में प्रगति की है। अभी विस्तृत समझौता होना बाकी है। गंगा का पानी हमारी राष्ट्रीय अर्थव्यवस्था, हमारी खेती तथा हमारे उद्योग के लिए संजीवनी की धारा है। हम इस समस्या को विकास की समस्या के रूप में देखते हैं और यह मानते हैं कि अल्पकालिक प्रतिस्पर्धी आवश्यकताओं और अधिकारों को ध्यान में रखते हुए ऐसा आदान-प्रदान करना है, जिससे उपलब्ध जलराशि का दोनों देशों के लाभ के लिए दीर्घकालिक दृष्टि से अधिकतम उपयोग कर सकें।"

अणुशक्ति से सम्बन्धित अपना विचार भी अटलजी ने अपने इसी भाषण में प्रकट किया था। उन्होंने अणु ऊर्जा के शान्तिपूर्ण उद्देश्यों के लिए उपयोग हेतु एक राष्ट्रीय कार्यक्रम के निर्धारण पर भी जोर दिया।

श्री वाजपेयी की मान्यता थी कि पड़ोसी देशों से हमारा सम्बन्ध सदा मधुर रहना चाहिए। उन्होंने पड़ोसी देश नेपाल की भी यात्रा की थी। श्री वाजपेयी ने 26 जुलाई, 1977 को अपने पड़ोसी देश नेपाल की यात्रा पर लोक सभा में भाषण दिया था। उसका एक अंश अभिलेखों के आधार पर यहाँ प्रस्तुत है, जो यह स्पष्ट करता है कि श्री वाजपेयी की नेपाल यात्रा बहुत सफल हुई—

"नेपाल के विदेश-मन्त्री के साथ हुई बातचीत तथा नेपाल सरकार के वाणिज्य एवं उद्योग मन्त्री...के साथ अलग से हुई एक बैठक में भारत और नेपाल के बीच एक नई सन्धि का प्रश्न भी विचार-विमर्श के लिए उठा था, जो कि अगस्त 1976 से स्थगित था...।

व्यापार और पारगमन के सम्बन्ध में जब तक एक नया करार नहीं हो जाता, तब तक के लिए उसी व्यापार एवं पारगमन सन्धि की व्यवस्था को जारी रखा गया, जो अगस्त 1976 में समाप्त हो गई थी...। हमारा अनुभव यह बताता है कि अपना व्यापार बढ़ाने अथवा अपने माल के लिए नई मंडियाँ खोजने की दिशा में यह सन्धि नेपाल की महत्त्वाकांक्षा में आड़े नहीं आयी है।"

विदेशमन्त्री के रूप में श्री अटल बिहारी वाजपेयी की एक चर्चित उपलब्धि यह भी रही कि उन्होंने 4 अक्टूबर 1977 को संयुक्त राष्ट्र संघ के अधिवेशन में विदेशमन्त्री के रूप में भाग लिया, तो अपना भाषण हिन्दी में दिया। राष्ट्र भाषा के प्रति उनके गहरे प्रेम का यह द्योतक है। उनके पूर्व किसी भी भारतीय प्रतिनिधि ने संयुक्त राष्ट्र संघ को हिन्दी में सम्बोधित नहीं किया था।

1977 के 29 जून को विदेश मन्त्रालय अनुदान माँगों पर भाषण करते हुए उन्होंने देशों के सम्बन्ध में कहा था—'हमने पाकिस्तान, बांग्लादेश, नेपाल, भूटान, श्रीलंका, बर्मा के प्रति अपनी नीतियों का निर्देशन किया है...लगातार कूटनीतिक प्रयत्न तथा पारस्परिक्ता पर आधारित सहयोग के बल पर हम निरन्तर आगे बढ़ते जाएगे, ऐसा हमारा विश्वास है।'

1979 में जनता पार्टी की सरकार दूसरे प्रधानमंत्री चरण सिंह के इस्तीफा के साथ ही यह समाप्त हो गई और श्री वाजपेयी अपना मन्त्री-पद खो बैठे।

प्रधानमन्त्री बनने के लिए उन्हें अभी कई वर्षों तक प्रतीक्षा करनी थी।

जनवरी 1980 में नए चुनाव हुए। उसमें इन्दिरा गाँधी पुनः वापस आ गई। 31 अक्टूबर 1984 को उनकी हत्या हो गई। इसके पश्चात् राजीव गाँधी काल चला।

इस मध्य जनसंघ को समाप्त कर भारतीय जनता पार्टी का गठन हो चुका था। इसका प्रथम अधिवेशन अप्रैल 1989 में हुआ था। इसमें अपना चुनाव चिह्न कमल का पुष्प रखा। श्री वाजपेयी इस पार्टी के सर्वेसर्वा रहे।

आठवीं लोक सभा गठन के लिए राजीव गाँधी ने दिसम्बर 1984 में आम चुनाव कराया। इस चुनाव में विपक्ष के बड़े-बड़े दिग्गज धराशायी हो गए क्योंकि इस चुनाव में जनता सहानुभूति गाँधी परिवार पर थी। श्री वाजपेयी भी ग्वालियर

लोक-सभा क्षेत्र से चुनाव हार बैठे। श्री वाजपेयी प्रायः एक वर्ष तक किसी भी सदन के सदस्य नहीं रहे, पर 1986 में वह राज्य-सभा के लिए चुन लिए गए।

एक बार फिर कांग्रेस पुनः 1989 के आम चुनाव में विश्वनाथ प्रताप सिंह के कारण बुरी तरह हारी। जनता दल की सरकार बनी। श्री वाजपेयी इस चुनाव से लोक-सभा में पुनः आ गए, पर चूँकि भाजपा ने सरकार को बाहर से समर्थन दिया था, अतः श्री वाजपेयी सरकार में नहीं आए। जनता दल के उत्थान-पतन की कहानी पहले ही कही जा चुकी है। 13 मार्च 1991 को लोक-सभा भंग हो गई।

दसवीं लोक-सभा के चुनाव का प्रथम चक्र समाप्त हुआ था कि 21 मई 1991 को राजीव गाँधी की हत्या हो गई। उनकी हत्या से उत्पन्न हमदर्दी से कांग्रेस पुनः सत्ता में वापस आई और श्री नरसिम्हा राव प्रधानमन्त्री बने।

ग्यारहवीं लोक-सभा के चुनाव 1996 में हुए, तो कांग्रेस पराजित हो गई।

प्रधानमन्त्री श्री वाजपेयी

ग्यारहवी लोक-सभा के चुनाव में भारतीय जनता पार्टी को 161 स्थान मिले और वह प्रथम बार लोक-सभा में सबसे बड़ी पार्टी के रूप में उभरी। जैसा कि पूर्व बताया गया है कि इसके संसदीय दल के नेता स्वभावतः श्री वाजपेयी चुने गए और उन्होंने 21 मई 1996 को प्रधामन्त्री के रूप में शपथ ग्रहण की। अपना बहुमत सिद्ध करने के लिए उन्हें 31 मई 1996 तक समय दिया गया।

श्री वाजपेयी की विपक्षी पार्टियों की एकजुटता ने 29-30 मई को ही बहस के दौरान इंगित कर दिया कि उनकी सरकार अल्पमत में हैं। उन्होंने मत-विभाजन पर जोर नहीं दिया और अपनी सरकार का त्याग-पत्र राष्ट्रपति को सौंप दिया।

1 जून को संयुक्त मोर्चा के देवगौड़ा ने प्रधानमन्त्री का पद संभाला। कांग्रेस ने बाहर से समर्थन दिया, फिर 30 मार्च 1997 को अपना समर्थन वापस ले लिया। अब आई.के. गुजराल प्रधानमन्त्री बने। कांग्रेस ने इनसे भी समर्थन वापस ले लिया और फरवरी 1998 में नए चुनाव हुए।

19 मार्च 1998 को वाजपेयी ने पुनः प्रधानमन्त्री का पद ग्रहण किया। भाजपा के सदस्यों की संख्या मात्र 182 थी, पर उसे तेलुगू देशम् ए.आई.डी.एम.के. तथा तृणमूल कांग्रेस का समर्थन मिला। अप्रैल 1999 में जयललिता ने ए. आई.डी.एम. के. का समर्थन वापस ले लिया। कोई पार्टी सरकार बनाने की स्थिति में नहीं थी, अतः सितम्बर-अक्टूबर 1999 में नए चुनाव हुए। तब तक श्री वाजपेयी कार्यकारी प्रधानमन्त्री बने रहे।

इन चुनावों में भाजपा के नेतृत्व में गठित एन.डी.ए. ने बहुमत प्राप्त किया और 13 अक्टूबर 1999 को श्री वाजपेयी ने तीसरी बार प्रधानमन्त्री के रूप में शपथ ली।

श्री वाजपेयी को प्रथम कार्यकाल में विशेष समय नहीं मिला। द्वितीय काल प्रायः एक वर्ष (14 महीने) का रहा और तृतीय पूरे पाँच वर्ष का, अतः हम द्वितीय और तृतीय कार्यकालों में श्री वाजपेयी के कार्यकलापों पर प्रकाश डालेंगे।

द्वितीय कार्यकाल (मार्च 1998 से अप्रैल 1999 तक)

श्री अटल बिहारी वाजपेयी का कार्यकाल एक वर्ष का रहा और यह काफी महत्वपूर्ण रहा। विस्मयकारी तथ्य यह है कि कविमना वाजपेयी सहसा पूरी तरह वैज्ञानिक हो आए थे। विज्ञान और तकनीक की प्रगति में ही उन्हें देश का भविष्य नजर आया।

श्री वाजपेयी ने परमाणु-शक्ति के महत्त्व को समझा एवं घोषित रूप से राष्ट्र को परमाणु बम से सम्पन्न बना दिया। राजस्थान के पोखरण में 11 मई 1998 को पाँच परमाणु-परीक्षण कर उन्होंने विश्व को चौंका दिया। यह श्री वाजपेयी के अदभुत साहस और निर्भीकता का परिचायक है। परमाणु शक्ति सम्पन्न तो भारत इन्दिरा गाँधी के समय ही हो गया था, पर न तो श्रीमती गाँधी और न उनके बाद के किसी प्रधानमन्त्री ने यह हिम्मत की कि परमाणु बम का परीक्षण करे। इस दृष्टि से श्री वाजपेयी प्रधानमन्त्रियों की पंक्ति में सर्वाधिक ऊँचें कद के अधिकारी बन जाते हैं।

भारतीय इतिहास को उन्होंने अकस्मात् एक नया एवं विस्मयकारी मोड़ दे दिया। भारतीय स्वतन्त्रता और सम्प्रभुता को उन्होंने सदा के लिए सुरक्षित और अक्षुण्ण कर दिया। श्रीमती गाँधी ने पाकिस्तान के टुकड़े कर, उस उपमहाद्वीप का भूगोल बदला था, वाजपेयी ने इतिहास बदल दिया।

विश्व स्तर पर इसकी प्रतिक्रिया होनी थी और हुई। भारत पर कई प्रकार के प्रतिबन्ध अमरीका और उसके मित्र राष्ट्रों द्वारा लगाए गए। इसे आर्थिक दृष्टि से पंगु करना चाहा, पर भारत ने घुटने नहीं टेके। उसकी दृढ़ इच्छाशक्ति के समक्ष सारे प्रतिबन्ध धरे-के-धरे रह गए। भारत आर्थिक दृष्टि से स्वावलम्बी था, कुछ आयातों–निर्यातों के प्रतिबन्धित होने से इसकी अर्थव्यवस्था पर कोई प्रतिकूल असर नहीं पड़ने को था।

कवि श्री वाजपेयी, जैसा कि पहले कहा गया अब विज्ञान और तकनीक के कायल हो चुके थे। पंड़ित नेहरू की वैज्ञानिक दृष्टि को उन्होंने नया आयाम दिया।

अपनी इस दृष्टि पर उन्होंने 25 मई 1998 के अपने भाषण में विस्तार से प्रकाश डाला। प्राप्त अभिलेखों के आधार पर उसके कुछ अंश यहाँ दिए जा रहे हैं–

"...मेंरा कार्यक्षेत्र और मेंरी पृष्ठभूमि विज्ञान से काफी अलग है, लेकिन विज्ञान और उसकी उपलब्धियों ने मुझे हमेंशा मन्त्र-मुग्ध किया है। आम आदमी को मन्त्र-मुग्ध करने के अलावा विज्ञान उसके मन में एक और असर भी डालता है। इससे आत्मनिर्भरता की भावना उत्पन्न होती है। उदाहरण के लिए, विज्ञान और नाभिकीय विज्ञान जैसे क्षेत्रों में हमारी उपलब्धियों से हमें बड़ा संतोष होता है। इसलिए भारतीय विज्ञान के लिए मुझे दोहरी जिम्मेंदारी दिखाई देता है। एक तरफ तो इसे लोगों के जीवन में सुधार के लिए जो कुछ बन पड़े, वह कार्य करते रहना चाहिए और भारत को मजबूत तथा गतिशील आर्थिक शक्ति बनाने के लिए इसके विकास में योगदान करना चाहिए। दूसरी तरफ इसे भारतीय विज्ञान की उत्कृष्टता हासिल करने का प्रयास करना चाहिए, ताकि हमारा राष्ट्रीय आत्मविश्वास बढ़े।"

श्री वाजपेयी ने अपने इस भाषण में आगे कहा था, "भारतीय विज्ञान की इस दोहरी जिम्मेंदारी की ओर ध्यान आकृष्ट करने के लिए ही मैंने पिछले सप्ताह पोखरण में 'जय जवान, जय किसान, जय विज्ञान' का नारा दिया...। आज पोखरण भारत को मजबूत, आत्मनिर्भर और खुशहाल राष्ट्र का रूप देने की एक सबसे बड़ी सम्भावना का प्रतीक बन गया है...।" जय विज्ञान के इस आदर्श वाक्य पर हम किस तरह से अमल करें? इस प्रश्न का उत्तर वाजपेयी ने अपने भाषण में स्वयं दिया था। उसके अनुसार, इसे एक अभिनव आन्दोलन के रूप में लेना है। विज्ञान तथा वैज्ञानिकों को हमें सभी योजनाओं और गतिविधियों का केन्द्र बनाना होगा। उसके अनुसार प्रशासकों और सरकारी अधिकारियों और कर्मचारियों को मालिक नहीं, बल्कि मददगार होना होगा। ऐसे हालात पैदा करने होंगे, जिससे युवा वैज्ञानिकों को कागजी खानापूरी न करनी पड़े। श्री वाजपेयी के अनुसार जब इस तरह का माहौल बनेगा, तभी भारतीय विज्ञान फले-फूलेगा। विज्ञान के क्षेत्र में प्रशासकों की सोच में आमूल परिवर्तन लाना होना।

श्री वाजपेयी ने इस भाषण में इस बात पर भी चिन्ता व्यक्त की कि हमारे यहाँ से प्रतिभा, विशेषकर इंजीनियरी प्रतिभा का पलायन हो रहा है। इसे रोकने की

आवश्यकता है। उनके अनुसार वैज्ञानिक अनुसन्धान पर जोर देने की आवश्यकता है। उनका मानना था कि भारत को किसी और देश का पिछलग्गू नहीं बनकर एक अग्रणी देश बनना होगा। स्वयं ही ज्ञान के नये क्षितिजों का अन्वेषण करना होगा। विज्ञान-शिक्षा की पद्धति में आमूल परिवर्तन करना होगा, जिससे रटने के बजाय ज्ञान और रचनात्मकता को आधार बनाकर नयी पीढ़ी को आगे बढ़ने का अवसर प्राप्त हो। कम्प्यूटर, इंटरनेट जैसे शक्तिशाली उपकरणों का प्रयोग नयी पीढ़ी के लिए, विशेषकर इसके ज्ञानार्जन के लिए आवश्यक है।

पोखरण परीक्षण के पश्चात् वाजपेयी जैसे विज्ञान के ही होकर रह गये थे। उन्होंने स्पष्ट किया था, "मैं सचमुच भारतीय वैज्ञानिक समुदाय से, जिसमें हमारे युवा और वरिष्ठ वैज्ञानिक, विज्ञान-अध्यापक और विद्यार्थी, विज्ञान-प्रशासक, विज्ञान को लोकप्रिय बनाने वाले, मीडिया, उद्योग केन्द्र तथा राज्यों के नीति-निर्माता-संगठन आदि सभी शामिल हैं, आग्रह करता हूँ कि वे राष्ट्र निर्माण में विज्ञान की क्षमता के पूर्ण उपयोग के बारे में विचार-विमर्श करें।"

श्री वाजपेयी ने अपने इस प्रधानमन्त्रित्व काल में राष्ट्र के 52वें स्वतन्त्रता दिवस के अवसर पर लालकिले से देशवासियों को सम्बोधित भी किया था। संग्रहित आलेखों के आधार पर हम उनके भाषण के कुछ अंश दे रहे हैं, जिससे स्पष्ट होगा कि उन्होंने और बातों के अलावा भारत की सैन्य-शक्ति के महत्व को रेखांकित किया था–

'हमारा देश विदेशी आक्रमणों का शिकार होता रहा है। 50 वर्षों के इस छोटे से काल-खण्ड में भी हम चार बार आक्रमणों के शिकार हुए हैं। फिर भी हमने अपनी स्वतन्त्रता और अखण्डता अक्षुण्ण रखी। इसका सर्वाधिक श्रेय जाता हैं–सेना के जवानों को। अपनों से दूर, अपना सर हथेली पर रखकर, वे रात-दिन हमारी सीमा की रखवाली करते है, इसीलिए हम अपने घरों में चैन की नींद सो सकते हैं। सियाचीन की शून्य से 32 अंश कम बर्फीली वादियाँ हों या पूर्वांचल का घना जंगल, कच्छ या जैलसमेंर के रेगिस्तान का इलाक़ा हो या हिन्द महासागर का गहरा पानी, सभी स्थानों पर भारत के जवान चौकस खड़ा हैं। ये सभी जवान थल सेना, वायु सेना और जन सेना के साथ-साथ अन्य सुरक्षा बलों से सम्बन्धित हैं। मैं अपनी ओर से और आप सबकी ओर से बहुत-बहुत बधाइयाँ देता हूँ कि हे भारत के वीर जवानों! हमें तुम पर नाज़ है। हमें तुम पर गर्व है। सेना को समर्थन चाहिए जनता का। गत 50 वर्षों में किसानों और मज़दूरों ने खेत-खलिहानों में, कल-कारखानों में देश की दूसरी रक्षा-पंक्ति को मज़बूत किया है, हम यह भूल नहीं सकते........।

'हमें अपनी सेनाओं को अत्याधुनिक बनाना पड़ेगा, जिससे वे किसी संकट का डटकर मुकाबला कर सकें। हमारी स्वतन्त्रता और अखण्डता अक्षुण्ण रख सकें।

केवल इसी उद्देश्य से हमने 11 मई और 13 मई को पोखरण में अणु-विस्फोट किया था। पोखरण का विस्फोट एक रात का खेल नहीं था। हमारे वैज्ञानिकों, इंजीनियरों, टेक्नीशियनों और हमारे सुरक्षाबलों की वर्षों की तपस्या का यह फल था।'

श्री वाजपेयी ने अपनी उदार बुद्धि का परिचय देते हुए पोखरण विस्फोट का श्रेय मात्र स्वयं को नहीं दे दिया था। उन्होंने स्पष्ट शब्दों में लालकिले से उद्घोषित किया था—'25 वर्ष पूर्व श्रीमती इन्दिरा गाँधी ने जिस कार्य की नींव रखी थी, मैंने उस पर इमारत खड़ी करने का प्रयास किया है।'

श्री वाजपेयी ने अत्यन्त विनम्रता से राजनीति के शिखर पर आसीन होने की अपनी संघर्ष-गाथा को भी अभिव्यक्ति दी—"पं. जवाहरलाल नेहरू ने इसी स्थान पर पहली बार हमारा प्यारा तिरंगा नीले आसमान में फहराया था। उसके पश्चात् प्रत्येक स्वतन्त्रता दिवस पर इस ऐतिहासिक लालकिले से राष्ट्रीय ध्वज फहराने की परम्परा चली आ रही है। मैंने कभी यह नहीं सोचा था कि यह सौभाग्य एक दिन मुझे भी मिलेगा। एक गरीब स्कूल मास्टर के लड़के का धूल और धुँए से भरी बस्ती से उठकर लालकिले की प्रचार तक पहुँचना और स्वतन्त्रता के पावन पर्व पर तिंरगा फहराना, भारतीय लोकतन्त्र की शक्ति और क्षमता को उजागर करता है।"

श्री वाजपेयी ने अपने इस भाषण में अपनी ही शैली में भारत का गुणगान किया—

'हमें यह कभी नहीं भूलना चाहिए कि हम एक राष्ट्र के नागरिक हैं। लद्दाख से लेकर निकोबार तक फैला हुआ यह देश, गारो पर्वत से लेकर गिलगित तक इसका विस्तार है। यह प्राचीन देश है। इसकी सभ्यता और संस्कृति 5 हज़ार वर्षों से भी अधिक पुरानी है। इतना विशाल देश, इतनी विविधताओं से भरा हुआ देश, भाषाओं, उपासना-पद्धतियों, रहन-सहन, खान-पान की विभिन्नताओं के बावजूद लोकतन्त्र के सूत्र में बँधकर सामाजिक और आर्थिक न्याय की स्थापना के लिए कमर कसकर जुटा हुआ है। साथ-साथ हम इसे भी नहीं भूल सकते कि हमें जनतन्त्र को विकृतियों से बचाना है।'

श्री वाजपेयी को इन विकृतियों का अच्छी तरह पता था। एक विशेष विकृति पर उन्होंने अपने इस भाषण में उंगली रखी—

'भ्रष्टाचार का रोग देश को कैंसर के समान खाये जा रहा है। हमने इससे लड़ने का निर्णय लिया है। इसका आरम्भ ऊपर से किया है। लोक-सभा में पेश किये लोकपाल विधेयक में मैंने प्रधानमन्त्री को भी नहीं बख़्शा है। इससे हमने उच्चस्तरीय भ्रष्टाचार से लड़ने की हमारी नीति और नियत स्पष्ट की है। इसके साथ हम अफ़सरशाही के भ्रष्टाचार से भी लड़ाना चाहते हैं। मैं जल्दी ही प्रधानमन्त्री के उस कक्ष के क्रियान्वयन में तेज़ी लाऊँगा, जो भ्रष्ट अधिकारियों के खिलाफ कार्यवाई की देखरेख करता है।"

श्री वाज़पेयी को कहीं से यह आन्तरिक आभास अवश्य था कि उनका यह द्वितीय कार्यकाल भी अपनी अवधि पूर्ण करने वाला नहीं है। उन्होंने लालकिले के अपने भाषण के प्रायः अन्त में कहा था—

> "मुझे प्रधानमन्त्री का पद सँभाले पाँच महीने हुए हैं। संसद में हमारा बहुमत कम है। मैं जानता हूँ कि साझा सरकारों की भी मर्यादाएँ होती हैं। मैं जानता हूँ कि आज की व्यवस्था में निर्दोष संन्यासी की सत्ता-पिपासु फाँसी पर चढ़ा देते हैं। मैं आपको विश्वास दिलाता हूँ कि मैंने जीवन में कभी सत्ता के लालच में सिद्धान्तों के साथ सौदा नहीं किया है और न मैं भविष्य में करूँगा। सत्ता का सहवास और विपक्ष का बनवास मेरे लिए एक जैसा है।"

सच ही श्री वाजपेयी का यह द्वितीय कार्यकाल भी समय से बहुत पूर्व ही अप्रैल 1999 में समाप्त हो गया। 29 अप्रैल 1999 को उन्होंने अपने सम्बोधन में दूरदर्शन पर कहा था—'आपने संसद में अपने प्रतिनिधि 5 साल के लिए भेजे थे, किन्तु वे सिर्फ 14 महीने में ही फिर आपके पास आ रहे हैं.......आपने देखा कि किस तरह सरेआम यह नाटक रचा गया। ऐसा कोई मुद्दा नहीं था, जिसके कारण सरकार गिराई जाती।"

वस्तुतः श्री वाजपेयी की सरकार महज एक वोट से लोक-सभा में गिरा दी गयी थी और यह एक वोट से गिरना भी एक प्रश्न चिन्ह छोड़ गया। इस प्रश्न चिन्ह पर बिना कोई विवाद खड़ा किये श्री वाजपेयी ने अपनी सरकार के पतन को स्वीकार कर लिया।

उनके इस द्वितीय प्रधानमंत्री काल की समाप्ति की घोषणा के पूर्व इस आलेख में और कुछ लिखना शेष रह जाता है।

इसी अवधि में यानी 24 सितम्बर 1998 को श्री वाजपेयी संयुक्त राष्ट्र संघ की 53वीं महासभा को सम्बोधित किया। इस बार भी उन्होंने अपना अभिभाषण

हिन्दी में दिया। इस बार उन्होंने अपने भाषण के दौरान उन्होंने सुरक्षा-परिषद् की कार्रवाई पर निस्संकोच उँगली उठायी। उन्होंने कहा—

"सुरक्षा-परिषद् समसामयिक वास्तविकता का प्रतिनिधित्व नहीं करती। शीत युद्ध की समाप्ति के बाद इसे कार्रवाई करने की स्वतन्त्रता तो मिल गयी, लेकिन अनुभवों से पता चलता है कि परिषद् ने तभी कार्रवाई की है, जब ऐसा करना इसके स्थायी सदस्यों के लिए सुविधाजनक रहा।"

भारत कभी से सुरक्षा-परिषद् का सदस्य बनने के लिए प्रयत्नशील था। श्री वाजपेयी ने इस महत्वपूर्ण मुद्दे को भी उठाया—

"सुरक्षा-परिषद् में नये सदस्यों को शामिल करना इस समस्या का समाधान हो सकता है। सुरक्षा-परिषद को संयुक्त राष्ट्र संघ की सदस्यता का प्रतिनिधि बनाया जाना चाहिए। यह वह अधिकार है, जिसके विकासशील देश हकदार हैं। यदि सूरक्षा-परिषद् को सुचारू रूप से अपना ज़िम्मेंदारी को निभाना है, तो कुछ विकासशील देशों को सूरक्षा-परिषद् की स्थायी सदस्यता से वंचित नहीं किया जा सकता। विशेषकर जब हम यह देखते हैं कि सुरक्षा-परिषद केवल विकासशील देशों में ही कार्रवाई करती है। यह स्वाभाविक है कि विकासशील देशों को प्रभावित करने वाले निर्णयों पर यह देश सामान्य आधार पर अपना पक्ष प्रस्तुत करें। अन्य उपायों के साथ ही सुरक्षा-परिषद् के पुनर्गठन और इसकी अस्थायी सदस्यता का विचार भी किया जाना चाहिए, ताकि और विकासशील देश भी इसे अपना सहयोग दे सकें। केवल उतना ही पर्याप्त नहीं है; क्योंकि जब तक सुरक्षा-परिषद् के अधिकार स्थायी सदस्यों के हाथ में रहेंगे, तब तक विकासशील देशों के हितों की न तो सुरक्षा हो सकती है और न ही उनको बढ़ावा मिल सकता है। ऐसा तभी होगा, जब उन्हें भी वर्तमान स्थायी सदस्यों की भाँति सदस्यता मिलेगी। ऐसा होने पर ही सुरक्षा-परिषद् अन्तर्राष्ट्रीय समुदाय की वर्तमान एवं भावी चुनौतियों का सामना करने योग्य एक प्रभावी संगठन बन पायेगी। हाँ, यह जरूरी है कि नये सदस्यों में इस उत्तरदायित्व को निभाने की क्षमता भी होनी चाहिए। हममें यह क्षमता है और हम मानते भी हैं कि जैसा हमने उस मंच से पहले भी कहा है, भारत स्थायी सदस्य के उत्तरदायित्व को निभाने के लिए तैयार है और उसके लिए हम सक्षम हैं।"

यहाँ सहजतापूर्वक श्री वाजपेयी की कूटनीतिक कौशल से परिचय प्राप्त किया जा सकता है। पहले उन्होंने विकासशील देशों की सदस्यता की बात कही और फिर क्षमता का प्रश्न उठाकर भारत की दावेदारी को आगे कर दिया।

श्री वाजपेयी के इस प्रयास और उस हेतु किये गये शाब्दिक व्यायाम को अरण्य-रोदन ही सिद्ध होना था और यही हुआ। सदा की भाँति विश्व की बड़ी शक्तियों, विशेषकर अमरीका के कानों पर जूँ नहीं रेंगनी थी और वह नहीं रेंगी।

भारत वाजपेयी के काल में तो सुरक्षा-परिषद् का सदस्य नहीं बना, वह आज (2006 अप्रैल) तक भी नहीं बना। विडम्बना यह कि अमरीकी राष्ट्रपति बुश गत माह ही भारत आकर परमाणु सन्धि को तो अंज़ाम दे गये, पर प्रधानमन्त्री डॉ. मनमोहन सिंह के उस प्रस्ताव पर कि भारत को सुरक्षा-परिषद् की स्थायी सदस्यता प्राप्त हो, वह मौन लगा गये। मीडिया ने यह प्रश्न उछाला, तो वह गोल मटोल उत्तर दे गये।

स्पष्ट है कि परिषद् के स्थायी सदस्य बनने का भारत का स्वप्न अभी वर्षों तक दिवा-स्वप्न ही बना रहेगा।

भारत वर्षों से आतंकवाद, विशेषकर सीमा-पार के आतंकवाद से जूझ रहा है। प्रधानमन्त्री वाजपेयी के समय भी जूझ रहा था, आज भी जूझ रहा है। श्री वाजपेयी ने सुरक्षा-परिषद् के अपने भाषण में विशद रूप में अन्तर्राष्ट्रीय रूप ले चुकी इस समस्या पर प्रकाश डाला। उनके शब्दों में—

"........लोकतान्त्रिक देशों में आतंकवाद से जूझना काफ़ी कठिन कार्य है। मेरे देश एवं अन्य लोकतान्त्रिक देशों के समक्ष अपना लोकतन्त्र बनाये रखना, नागरिकों के अधिकारों की रक्षा करना और आतंकवादियों पर नियन्त्रण पाना एक चुनौतियों से भरा कार्य है......।

"आतंकवाद एक ऐसा ख़तरा है जो हम सभी को समान रूप से चुनौती दे रहा है। आतंकवाद के कारण विश्व-भर में रोज़ाना मौतें होती हैं। यह अन्तर्राष्ट्रीय अपराधों में सर्वाधिक दुर्दम्य, व्यापक और जघन्य अपराध है और इससे समाज में पुरुषों और महिलाओं के जीवन तथा अन्तर्राष्ट्रीय शान्ति और सुरक्षा के लिए भारी ख़तरा है। हमें लगभग दो दशकों से आतंकवाद से जूझना पड़ रहा है, जिसे हमारे पड़ोसी देश द्वारा मदद देकर भड़काया जा रहा है। हमने इसका काफ़ी सहनशीलता से सामना किया है, लेकिन इस चुनौती का मुहँतोड़ जवाब देने के लिए किसी को भी हमारी क्षमता पर सन्देह नहीं करना चाहिए।"

श्री वाजपेयी ने आतंकवाद के अन्तर्राष्ट्रीय स्वरूप को रेखांकित करते हुए उसे विश्व-स्तर का ख़तरा बताया। उनके शब्दों में, "इसकी जड़े विश्व-भर में फैल चुकी हैं। आज नशीली दवाओं, हथियारों तथा धन के अवैध व्यापार से इसके

सम्बन्ध हैं। संक्षेप में, आतंकवाद आज विश्व-स्तर पर ख़तरा बन चुका है, जिसका मुक़ाबला एक संगठित अन्तर्राष्ट्रीय कार्रवाई से ही किया जा सकता है। हम सब को अपने मन-मस्तिष्क में यह बात हमेंशा के लिए बैठा लेनी चाहिए कि आतंकवाद मानवता के प्रति एक अपराध है। एक खुले और सर्वसंग्राहक समुदायों का यह प्रमुख कार्य होना चाहिए कि इस ख़तरे से निपटने के लिए सामूहिक उपाय करें।'

श्री वाजपेयी ने इस समस्या से निपटने के लिए एक अन्तर्राष्ट्रीय 'कन्वेन्शन' की आवश्यकता पर बल देते हुए कहा, "डरबन में हुई शिखर बैठक में गुटनिरपेक्ष आन्दोलन ने ऐसे सामूहिक उपाय विकसित करने के लिए 1999 में एक अन्तर्राष्ट्रीय सम्मेंलन बुलाने का आह्वान किया है। हमारा आग्रह है कि 1999 में इस सम्मेंलन में एक अन्तर्राष्ट्रीय 'कन्वेशन' के लिए बातचीत करने की प्रक्रिया शुरू की जाये, ताकि उन देशों और संगठनों के विरूद्ध सामूहिक कार्रवाई की जा सके, जो आतंकवाद की पहल करते हैं, उसमें मदद देते हैं तथा उसे बढ़ावा देते है।'

श्री वाजपेयी का उद्देश्य इन पंक्तियों के माध्यम से पाकिस्तान की ओर संयुक्त राष्ट्र संघ के सदस्यों का ध्यान आकृष्ट करना था। पाकिस्तान, सीमा पार से भारत पर बड़े पैमाने पर आतंकवादी कार्रवाई में लीन था। पाक-अधिकृत कश्मीर में आतंकवादियों के प्रशिक्षण के लिए अनेक शिविर खुले हुए थे। इन शिविरों में प्रशिक्षित आतंकवादी भारतीय सीमाओं में गुप्त रूप से प्रवेश कर रहे थे।

तृतीय कार्यकाल (अक्टूबर 1999–मई 2004)

जैसाकि पूर्व स्पष्ट किया जा चुका है कि श्री वाजपेयी का द्वितीय कार्यकाल सिर्फ 14 महीनों के लिए रहा। विपक्षी एकजुट हो गये और उनकी सरकार को गिराने के लिए छल-प्रपंच से लेकर सभी प्रकार के हथंकडे अपनाए गये और उनकी सरकार मात्र एक वोट से विश्वास-मत खो बैठी।

श्री वाजपेयी कार्यकारी प्रधानमंत्री के रूप में अप्रैल 1999 से लेकर अक्टूबर 1999 तक बने रहे। क्योंकि उनके विश्वास-मत खोने के बाद कोई भी पार्टी सरकार नहीं बना सकी, जिसके फलस्वरूप चुनाव अनिवार्य हो गया। इस चुनाव में एन.डी.को स्पष्ट बहुमत प्राप्त हुआ और 13 अक्टूबर 1999 को तत्कालीन राष्ट्रपति श्री के.आर. नारायणन ने श्री वाजपेयी को प्रधानमन्त्री के रूप में पद और गोपनीयता की शपथ दिलाई। श्री वाजपेयी तीसरी बार प्रधानमन्त्री बने।

यहाँ यह तथ्य महत्वपूर्ण है कि श्री वाजपेयी प्रधानमंत्री तो अवश्य बनते रहे, पर इस पद पर पहुँचने का श्रेय उनको बहुत कम और उनके सहयोगी लाल कृष्ण आडवाणी को बहुत अधिक जाता है। श्री आडवाणी ने श्री वाजपेयी के प्रथम बार प्रधानमन्त्री बनने के पूर्व से ही देशव्यापी रथ-यात्राएँ कर भाजपा के पक्ष में माहौल बनाने का महत्त्वपूर्ण कार्य किया था। एक समय वह भी था कि श्री वाजपेयी महज दो सहयोगियों के साथ संसद में बैठते थे। आडवाणी के अथक प्रयास से ही पहली बार भाजपा अपना प्रधानमन्त्री बना सकी, भले ही उस समय श्री वाजपेयी मात्र तेरह दिनों के लिए ही प्रधानमन्त्री के पद को सुशोभित कर सके, लेकिन एक बार जब भाजपा की गाड़ी चल निकली, तो चलती ही गयी और श्री वाजपेयी ऐसे पहले गैर-काँग्रेसी प्रधामन्त्री सिद्ध हुए, जो तीसरी बार प्रधानमन्त्री के पद पर आसीन हुए।

श्री आडवाणी ने अपनी रथ-यात्राओं के दौरान स्थान-स्थान पर जन-सभाएँ सम्बोधित कीं, जिनमें वृहत् संख्या में लोगों की भागीदारी देखी गयी। भाजपा की लोकप्रियता ऐसी बढ़ी कि असम्भव भी सम्भव हो गया। यह भी सही है कि श्री वाजपेयी का नाम लेकर ही आडवाणी ने लोगों का समर्थन जुटाया था। उनका नारा था कि भाजपा को सबल बनाकर अटल बिहारी वाजपेयी को प्रधानमन्त्री बनाएँ। श्री वाजपेयी की अपनी योग्यता के बल पर लोगों में लोकप्रियता जो हो, किन्तु उस लोकप्रियता को भुनाने की शक्ति उनके अन्दर नहीं थी, वरना वे दो सहयोगियों के साथ संसद की शोभा नहीं बैठाते रहते। इतिहास इस बात का साक्षी रहेगा कि यदि भाजपा की सरकारें केन्द्र में रहीं, तो उसका श्रेय एकमात्र श्री लालकृष्ण आडवाणी को जाता है।

दुर्भाग्य यह है कि श्री वाजपेयी ने आडवाणी के उपकार को आगे चलकर महत्त्व देना कम कर दिया और दोनों के बीच मतभेद उत्पन्न होते रहे, जो लोगों, विशेषकर भाजपा के कार्यकर्त्ताओं से छिपे नहीं रहे। यह भी मानना पड़ेगा कि अपनी बहुत सारी उपलब्धियों के बावजूद भाजपा यदि चौथी बार सरकार नहीं बना सकी और वाजपेयी प्रधानमन्त्री की कुर्सी तक पहुँचने से रह गये, तो इसका कारण इन दो महारथियों के मध्य का मतभेद ही था। श्री वाजपेयी को अपनी असफलता का श्रेय यदि किसी को देना है, तो स्वयं को ही।

श्री वाजपेयी की तीसरी पारी बहुत दृष्टियों से महत्त्वपूर्ण रही। सर्वाधिक महत्त्वपूर्ण बात तो यह है कि विरोधी विचार वाले अनेक घटकों को लेकर वह एन.डी.ए. की सरकार पाँच वर्षों तक सफलतापूर्वक चला सके। एन.डी.ए. के संयोजक

श्री जॉर्ज फर्नांडीज भूमिका भी इन घटकों को एक साथ रखने में कुछ कम नहीं रही। श्री फर्नांडीज पार्टी के संकटमोचक रहे। जब कभी कोई घटक रूठता, तो उसको मनाने का भार फर्नांडीस पर ही पड़ता और वह सफलतापूर्वक इस दायित्व का निर्वहन भी करते।

आर्थिक मोर्चे पर भी श्री वाजपेयी की सरकार पूर्णरूपेण सफल रही। श्री नरसिम्हा राव के समय में आर्थिक उदारीकरण की जो नीति अपनायी गयी थी, श्री वाजपेयी के प्रधानमन्त्रि काल में वह जारी रही। इससे अर्थव्यवस्था में निरन्तर प्रगति होती गयी। विदेश-नीति भी परम्परागत लीक पर चलती रही। यह बात पृथक है कि पोखरण-परीक्षण के कारण अमरीका से सम्बन्ध बहुत सहज नहीं हो सके। श्री वाजपेयी को यह श्रेय जाता है कि अमरीका और उसके सहयोगी देशों के दबाव के बावजूद उन्होंने परमाणु-शक्ति सम्बन्धी किसी समझौते पर हस्ताक्षर नहीं किये। उन्होंने यह कूटनीति अवश्य चली कि यह घोषित कर दिया कि अगला कोई परीक्षण भारत नहीं करेगा तथा स्वयं किसी देश पर परमाणु बम नहीं छोड़ेगा, जब तक दूसरा पक्ष नहीं करता है।

24 सितम्बर, 1998 को श्री वाजपेयी ने अपनी द्वितीय प्रधानमन्त्रित्व काल में ही संयुक्त राष्ट्र संघ में अपनी परमाणु-नीति को स्पष्ट कर दिया था और अन्त तक उसी पर कायम रहे। इस भाषण का प्रासंगिक अंश नीचे दिया जा रहा है–

'व्यापक परमाणु-परीक्षण-प्रतिबन्ध सन्धि (सी.टी.बी.टी.) पर बातचीत आखिर 1993 में इस जनादेश से शुरू हुई कि ऐसी सन्धि परमाणु अस्त्रों के अप्रसार, परमाणु-निरस्त्रीकरण की प्रक्रिया तथा इस प्रकार अन्तर्राष्ट्रीय शान्ति और सुरक्षा की दिशा में सभी पहलुओं पर प्रभावी ढ़ंग से हिस्सा लिया और दुनिया से समस्त परमाणु-हथियारों की समाप्ति के लिए एक समयबद्ध कार्यक्रम का प्रस्ताव करके इस सन्धि को निरस्त्रीकरण के ढाँचे में ढालने की माँग ज़ाहिर की।

'यह पृथक् बात है कि भारत के प्रस्ताव स्वीकार नहीं किये गये। जिस रूप से यह सन्धि सामने आयी, उसे भारत ने अपनी राष्ट्रीयता के आधार पर स्वीकार नहीं किया। हमने अपनी आपत्ति जता दी और अपना दृष्टिकोण स्पष्ट कर देने के बावजूद सन्धि के कार्यान्वयन के लिए भारत के हस्ताक्षर और स्वीकृति को पूर्व शर्त बना दिया गया।

'सुरक्षा वातावरण में आये बिगाड़ को ध्यान में रखते हुए हमें 1996 में सी. टी.बी.टी. से दूर रहने पर मजबूर होना पड़ा और फिर भारत ने 11 और 13 मई 1998

को पांच सीमित भूमिगत परमाणु-परीक्षण किये। ये परीक्षण निकट भविष्य में भारत की राष्ट्रीय सुरक्षा के लिए एक विश्वसनीय परमाणु-प्रतिरोधक सुनिश्चित करने के लिए आवश्यक थे।

'परमाणु-परीक्षणों पर स्वैच्छिक रोक लगाकर भारत ने पहले ही सी.टी.बी.टी. की बुनियादी ज़िम्मेंदारी स्वीकार कर ली है....।

........भारत अपनी राष्ट्रीय अनिवार्यताओं और सुरक्षा सम्बन्धी अपनी जिम्मेंदारियों को समझते हुए अन्तर्राष्ट्रीय समुदाय के साथ निरन्तर सहयोग करने का इच्छुक है तथा सी.टी.बी.टी. सहित विभिन्न मुद्दों पर मुख्य देशों के साथ बातचीत कर रहा है। हम इन चर्चाओं को एक सफल निष्कर्ष तक ले जाना चाहते हैं.......।'

श्री वाजपेयी के भाषण का अन्तिम अंश निश्चित रूप से कूटनीतिक था; क्योंकि सी.टी.बी.टी. पर हस्ताक्षर करने का उनका इरादा कतई नहीं था; क्योंकि इससे मात्र विश्व के शक्तिशाली देशों का हित सधता था।

भारत के प्रति विश्व के अन्य राष्ट्र अपना विश्वास नहीं खोए इसके लिए श्री वाजपेयी ने परमाणु शक्ति सम्बन्धी अपनी नीति को और अधिक स्पष्ट किया था। उन्होंने कहा था—

'परमाणु और प्रसार के प्रति वचनबद्ध एक जिम्मेंदार राष्ट्र के रूप में भारत ने यह निर्णय लिया है कि वह इन हथियारों अथवा इनसे सम्बन्धित जानकारी को अन्य देशों को हस्तान्तरित नहीं करेगा। परमाणु-शक्ति सम्पन्न भारत के सन्दर्भ में हमारे पास निर्यात-नियन्त्रण की एक कारगर प्रणाली है और जहाँ कहीं आवश्यक होगा, इसे और अधिक बड़ा बनाया जायेगा। इसमें उपकरणों और प्रोद्योगिकी की नियन्त्रण-सूची का विस्तार शामिल है, ताकि इनको समकालिक और प्रभावी बनाया जा सके। इसके साथ-साथ एक विकासशील देश होने के नाते हम इस बात के प्रति जागरूक हैं कि परमाणु-प्रोद्योगिकी के अनेक शान्तिपूर्ण प्रयोग हैं......।'

विश्व के अधिकांश देशों को इस बात का पता चल चुका था कि भारत अगर परमाणु परीक्षण किया है, तो सिर्फ अपने पड़ोसी देश पाकिस्तान और चीन को दिखाने के लिए। अतः वाजपेयी की बातों पर किसी राष्ट्र खासकर महान् शक्तियों ने तनिक भी विश्वास नहीं किया।

श्री वाजपेयी ने भारत के आर्थिक विकास की दिशा में ठोस क़दम उठाने का प्रयास किया। उनकी अति चर्चित योजना 'स्वर्णिम चतुर्भुज' योजना थी। इसके अन्तर्गत वह लम्बी-चौड़ी सड़कों द्वारा देश के उत्तर और दक्षिण के प्रमुख

नगरों को जोड़ना चाहते थे। यह एक अत्यन्त महत्त्वाकांक्षी एवं उपयोगी कार्य था। इससे मानवीय यातायात को सुविधा तो होती ही, व्यवसाय को भी बहुत लाभ होता। वाजपेयी की योजना छोटी सड़कों द्वारा अन्य शहरों और गाँवों तक को इन बड़े राजमार्गों से जोड़ने की थी। इस योजना का बहुत-सा अंश वाजपेयी सरकार के समय पूर्ण हो चुका था। यदि उनकी सरकार अगले पाँच वर्षों तक चलती, तो उनका सड़क का सपना पूरी तरह पूर्ण हो जाता, फिर भी जितनी भी यह योजना क्रियान्वित हो सकी, उसी के आधार पर अनेक गाँवों और कस्बों को लाभ पहुँचा। किसान अत्यधिक लाभान्वित हुए। उनकी फ़सलों को बाज़ार मिला, फलतः उनकी आर्थिक स्थिति में आशातीत सुधार हुआ। वस्तुतः कृषि पर वाजपेयी सरकार का ज़ोर सदा रहा। कृषकों की स्थिति में गुणात्मक सुधार के श्री वाजपेयी हमेंशा पक्षधर रहे।

पाकिस्तान और श्री वाजपेयी

वाजपेयी के तीसरे कार्यकाल के दौरान पाकिस्तान के प्रधानमंत्री नवाज शरीफ को वहाँ के सैनिक शासक ने सत्ता से पदच्यूत कर दिया और कैदकर जेल में डाल दिया गया। पाकिस्तान में कुछ वर्षों पूर्व एक सैनिक तानाशाह जनरल जिया-उल-हक ने वहाँ के प्रधानमन्त्री जुल्फिकार अली भुट्टो—जो वहाँ के अत्यन्त लोकप्रिय प्रधानमन्त्री थे—को कई राष्ट्रों के विरोध और 'अपील' के बावजूद फाँसी पर चढ़ा दिया था। ऐसा प्रतीत हो रहा था कि नवाज शरीफ के साथ भी यही घटने वाला है। श्री वाजपेयी नवाज शरीफ के प्राणों की रक्षा करना चाहते थे क्योंकि वह लोकतांत्रिक विचार के व्यक्ति हैं।

इसी बीच किसी कारणवश अमरीकी राष्ट्रपति बिल क्लिंटन सन् 2000 में भारत की यात्रा पर आये। छह दिनों तक वह भारत में रहे। श्री वाजपेयी ने उनसे अपने सम्बन्धों को प्रागाढ़तर बनाया। क्लिंटन भी एक महान् प्रजातन्त्र के राष्ट्रपति थे। उन्हें भी यह पसन्द नहीं था कि लोकतान्त्रिक तरीके से चयनित एक प्रधानमन्त्री मृत्यु को प्राप्त हो। श्री वाजपेयी और क्लिंटन सम्मिलित दबाव के कारण नवाज शरीफ की जान बच गयी। अन्ततः वह विदेश निकल जाने में सफल हुए। हाल ही में स्वदेश वापस आये हैं।

श्री वाजपेयी अपने पड़ोसी पाकिस्तान के साथ सम्बन्ध सुधारने को सदा तत्पर रहे। एक बार लाहौर बस-यात्रा कर वह अपनी उँगलियाँ जला चुके थे। उसी समय अथवा उसके पूर्व से ही पाकिस्तान गुप्त रूप से कारगिल की चोटियाँ पर अपने

सैनिक जमा कर रहा था, जिसके फलस्वरूप एक अघोषित युद्ध दोनों देशों के मध्य छिड़ा था। इस युद्ध को हम जीत लिये थे लेकिन बहुत नुकसान हुआ था।

पाकिस्तान के हाथों इतना कुछ झेलने के बावजूद श्री वाजपेयी ने हिम्मत नहीं हारी थी। अब वह पाकिस्तान के सैनिक शासक परवेज मुशर्रफ के साथ वार्ता कर दोनों देशों के सम्बन्धों में सुधार लाने के इच्छुक थे। यह वही मुशर्रफ़ थे, जिन्होंने पाकिस्तानी जनरल के रूप में कारगिल में घुसपैठ की योजना को अंजाम दिया था और उनके तत्कालीन प्रधानमन्त्री नवाज़ शरीफ को इसकी भनक भी नहीं लग पायी थी। इस मुशर्रफ़ पर विश्वास करना कहाँ तक उचित था, यह तो श्री वाजपेयी जानें, किन्तु मुशर्रफ़ की ओर भी उन्होंने मैत्री का हाथ बढ़ाया ही। इससे स्पष्ट होता है कि वे मैत्री व शांति के कितने बड़े उपासक थे।

आगरा-शिखरवार्ता

शिखरवार्ता के लिए श्री वाजपेयी ने मुशर्रफ को आमन्त्रित किया। इस वार्ता का आयोजन आगरा में हुआ। जनरल मुशरफ़ और उनके लोगों के ठहरने का प्रबन्ध हुआ। भोजन व्यवस्था भी शाही मेंहमान के अनु रूप हुई। मुशर्रफ और उनकी बेगम को जिस कक्ष में ठहराया गया, वह भी साज-सज्जा में अद्वितीय था। खिड़कियों से जिस ओर देखते, उन्हें ताजमहल की ही झलक दिखाई पड़ती। सुरक्षा का भी अभुतपूर्व प्रबन्ध किया गया था।

वाजपेयी सरकार की यह योजना थी कि मुशर्रफ को इतना प्रसन्न कर दिया जाये कि वह समझौते को अजांम देकर ही जायें।

उन्हें और उनकी बीवी को अच्छी तरह से ताजमहल का भ्रमण कराया गया। कई घण्टों तक एक परिंदे ने भी ताजमहल के आस-पास पर नहीं फटका। मियाँ-बीवी ने अच्छी तरह ताजमहल का आनन्द उठाया, लेकिन मधुर प्रेम के प्रतीक ताजमहल ने भी जनरल के इस्पात की तरह कठोर हृदय में ज़रा भी माधुर्य का संचार नहीं किया।

जिस छल और कपट के द्वारा उन्होंने अपने अति हितैषी प्रधानमन्त्री को अपदस्य किया था, वह छल-कपट उनके मन में अब भी यथावत विराजमान था। इनसे कोई आशा व्यर्थ थी।

अन्ततः हुआ वही। मुशर्रफ़ ने ऐसी टाँग अड़ाई कि कई दौर की वार्ताओं के बावजूद दोनों देश जहाँ थे, वहीं रह गये। समझौते की दिशा में कोई प्रगति नहीं हुई।

श्री मुशर्रफ़ ने अपने छलपूर्ण चरित्र का पूर्ण परिचय आगरा में दे ही दिया। बिना भारत सरकार की जानकारी के उन्होंने 'इलेक्ट्रॉनिक मीडिया' के सहारे विश्व-भर में अपना एक अविभाषण अपने पत्रकारों के माध्यम से प्रसारित करा दिया, जिसमें उन्होंने तथ्यों को मनमाने ढंग से तोड़-मरोड़कर रखा और भारत को ग़लत और अपने को सही ठहराया। कश्मीर के मामले को और उलझा दिया। वाजपेयी और उनकी सरकार के लोगों से मुशर्रफ़ अधिक ही तेज़-तर्रार सिद्ध हुए। भारत की धरती पर ही उन्होंने शह-माह के खेल में भारत को मात दे दी।

एक सुबह अपने क़ाफिले के साथ जनरल आगरा से विदा हो गये। किसी भी समझौते के किसी भी मसौदे पर किसी पक्ष का कोई हस्ताक्षर नहीं हुआ। मुशर्रफ़ और उनके लोगों पर पानी की तरह बहाया गया पैसा व्यर्थ सिद्ध हुआ। मुशर्रफ़ विश्व-जनमत के समक्ष अपने को हिन्दुस्तान की धरती पर ही 'हीरो' बनाकर लौट गये। श्री वाजपेयी के पास हाथ मलने के सिवा कुछ नहीं रहा। फिर भी श्री अटल बिहारी वाजपेयी की महानता ही कहेंगे अथवा उनका राजनीतिक चातुर्य कि उन्होंने ज़हर का यह कड़वा घूँट पी लिया और मुशर्रफ़ के साथ सम्बन्ध सुधारने की प्रक्रिया जारी रखी, किन्तु जिस तरह चिकने घड़े पर पानी की बूदँ नहीं ठहरती, उसी तरह श्री वाजपेयी के, मुशर्रफ को अनुरूप करने के सभी प्रयास व्यर्थ गये। सीमा पार से आतंकवाद को मुशर्रफ़ सरकार पूर्ण सहयोग देती रही और इसके दुष्परिणाम भी भारत को भोगने पड़े। पाकिस्तान ने श्री वाजपेयी के कार्यकाल में कुछ ऐसी हरकते की, जो पहले कभी नहीं हुई थीं।

जम्मू-कश्मीर की विधान-सभा पर हमला

पाकिस्तान समर्थित आतंकवादियों ने एक अक्टूबर 2001 को घोर दुस्साहस का परिचय देते हुए जम्मू-कश्मीर की विधान-सभा पर आत्मघाती हमला कर दिया। इस हमले में 25 से अधिक लोग मारे गये और अधिकांश लोग घायल हुए। युद्धों की बात अलग है, लेकिन लोकतन्त्र के मन्दिर विधान-सभा पर हमला बोलना एक बहुत ही निन्दनीय कार्य था, जिसे किसी तानाशाह के शह पर ही किया जा सकता था। इस घटना की व्यापक निन्दा हुई, किन्तु पाकिस्तान पर इसका कोई असर नहीं पड़ने वाला था। असर तो भारत पर भी नहीं पड़ा; क्योंकि इसका खुफिया-तन्त्र अब भी एक तरह से निष्क्रिय ही रहा, जिसका कुफल शीघ्र ही बड़े पैमाने पर झेलना पड़ा। इससे वाजपेयी सरकार की प्रशासनिक क्षमता पर प्रश्न चिह्न ही लगता है।

संसद पर हमला

भारत के इतिहास की सर्वाधिक दुःखदायी घटना तब घटी जब संसद भवन पर आतंकवादी हमला की गई। वाजपेयी सरकार के समय ही यह घटी। आश्चर्य की बात यह है कि जम्मू-कश्मीर की घटना के प्रायः दो महीने के अन्तर्गत ही 13 दिसम्बर 2001 को भारतीय लोकतन्त्र के सर्वोच्च प्रतीक, संसद के परिसर में आतंकवादी संसद-परिसर में कैसे प्रवेश पा गये, वह भी गोला-बारूद और हथियारों के साथ। निश्चित ही संसद की सुरक्षा के प्रबन्धों पर इससे बड़ा कोई और प्रश्न चिह्न नहीं लग सकता।

पाँच आतंकवादियों ने हमला बोला था। इनमें एक संसद के मुख्य भवन के अन्दर प्रवेश ही करने वाला था, यदि ऐसा हो जाता, तो देश के कई बड़े नेता तत्काल हताहत हो गये रहते।

आतंकवादियों के हरकत में आने पर ससंद के सुरक्षाकर्मी भी सजग हुए। दोनों ओर की गोलाबारी में पाँचों आतंकवादी तो ढेर हो गये, किन्तु एक महिला सिपाही के साथ चार सुरक्षाकर्मी भी प्राणों से हाथ धो बैंठे। यह हमला पाकिस्तान समर्थित लश्करे-तैयबा के आतंकवादियों ने किया था। पाकिस्तान भारत में उत्पात करने वाले आतंकवादियों की शरण-स्थली बना है। ये आतंकवादी यहाँ वारदात कर पाकिस्तान भाग जाते थे।

इस हमले की निन्दा विश्व भर में की गई। वाजपेयी सरकार की दुर्बलता को उजागर करने में विपक्ष ने कोई कसर नहीं छोड़ी। पाकिस्तान की सरकार को वाजपेयी सरकार ने 20 आतंकवादियों की सूची सौंपी और कहा की इन्हें भारत को सौंप दिया जाये, किन्तु पाकिस्तान ऐसा कब करने वाला था? भारत ने पाकिस्तानी सीमाओं पर पर्याप्त सैनिक बल लगा दिया था। बहुत दिनों तक तनाव बना रहा। युद्ध की आशंका से दोनों ओर के लोग भयभीत थे। यदि पाकिस्तान के साथ एक और युद्ध नहीं हुआ, तो इसका कारण मुख्यतः यही था कि दोनों देश परमाणु-शक्ति सम्पन्न थे।

तहलका कांड

वाजपेयी सरकार अपने को आदर्श के मामले में अन्य पार्टियों से भिन्न मानती है, किन्तु भाजपा के नेतृत्व में बनी एन.डी.ए. सरकार भ्रष्टाचारों के आरोपों से मुक्त नहीं रही। तहलका कांड अत्यन्त चर्चित रहा। तहलका वालों ने गुप्त कैमरे के आधार

पर भाजपा के कई लोगों के साथ ही सेना के अधिकारियों को भी रक्षा सौदों के सम्बन्ध में रिश्वत लेते हुए दिखाया। रिश्वत लेते हुए दृश्य को कई टी.बी. चैनलों पर जनता ने देखीं।

भाजपा के वरिष्ठ नेता व तत्कालीन अध्यक्ष बंगारू लक्षमण और एन.डी.ए. के संयोजक तथा रक्षामंत्री जॉर्ज फर्नांडीज ने तहलका कांड के सर्वाधिक शिकार हुए। अध्यक्ष ने अपने पद से इस्तीफा दे दिया। जॉर्ज इस रूप में सामने आये कि उनके बंगले के सामने ही श्रीमती जया जेटली को रुपये लेते दिखाया गया। जया अपना कार्यालय जॉर्ज के बंगले में ही चलाती थी।

जॉर्ज फर्नांडीज ने रक्षामन्त्री के पद से त्याग-पत्र दे दिया, किन्तु जॉर्ज की उपयोगिता के सम्बन्ध में पहली ही लिखा जा चुका है। श्री वाजपेयी ने थोड़े ही दिनों के पश्चात् जॉर्ज फर्नांडीज को मंत्री-परिषद् में वापस ले लिया और उन्हें पुनः रक्षा मन्त्रालय का ही भार सौंपा। इससे श्री वाजपेयी और जॉर्ज की फ़जीहत ही हुई। विपक्ष हुंगामें पर उतर आता या सदन से बर्हिगमन कर जाता। इस स्थिति में अन्त-अन्त तक सुधार नहीं हुआ। भले ही एन.डी.ए. सरकार का कार्यक्रम समाप्ति पर आ गया।

भारत उदय

वाजपेयी सरकार को सही या ग़लत यह अनुमान हुआ कि उसके कार्यों, जैसे आर्थिक स्थिति में सुधार, स्वर्णिम चतुर्भुज योजना, कृषकों के लिए उठाये गये सफल विदेश-नीति, उपयोगी क़दम तथा लघु उद्योगों के अपेक्षाकृत अधिक विकास एवं उसके बजटों के मध्यमवर्गीय लोगों के अनुकूल होने के कारण मतदाताओं में अच्छी छवि बनी है। उनका विश्वास था कि भारत विकास के रास्ते पर तेज़ी से बढ़ा है। इसे उन्होंने 'भारत उदय' के नारे के रूप में प्रस्तुत किया। अंग्रजी में इसे 'इंडिया शायनिंग, (India shining) कहा गया, अर्थात् भारत चमक रहा है। भाजपा के कार्यकर्ताओं ने इस चमक अथवा इस सम्बन्धी योजना को बढ़ा-चढ़ाकर ही श्री वाजपेयी के समक्ष रखा। यों तो एन.डी.ए. का कार्यकाल अक्टूबर 2004 में पूर्ण होने वाला था, किन्तु यह निर्णय लिया गया कि 'भारत उदय' का लाभ उठाया जाये और चुनाव समय से पूर्व ही करा लिया जाये। हुआ यही अक्टूबर के बदले अप्रैल-मई में ही चुनाव हुए।

भाजपा को आशा थी कि वह अकेले ही सरकार बनाने भर वोट प्राप्त कर लेगी, किन्तु विडम्बना यह कि मई 2004 में जब चुनाव परिणाम घोषित हुए, तो पूरी एन.

डी. ए. भी सरकार बनाने लायक़ स्थिति में नहीं आयी। श्री वाजपेयी को अपना त्याग पत्र देना पड़ा और काँग्रेस एक बार पुनः सत्ता में वापस आयी और मई 2014 तक बनी रही।

श्री वाजपेयी प्रधानमन्त्री नहीं रहने पर भी अपनी पार्टी का दिशा-निर्देश करते रहे, लेकिन अब उन्होंने सक्रिय राजनीति से संन्यास लेने की घोषणा कर दी है।

3

व्यक्तित्व

साहसी, दूरदर्शी, महत्वाकांक्षी, चपल वक्ता, जुझारू कवि और अदभुद नेत्रृत्व एवं कार्यक्षमता से भरपूर बेहद शालीन राजनेता और एक अटल व्यक्तित्व, हमारे आदरणीय पूर्व प्रधानमंत्री "श्री अटल बिहारी वाजपेयी" शायद ये कहना वाकई में कोई अतिशियोक्ति न होगी की ऐसी अद्‌भुद क्षमताओं वाले पुरुष विरले ही इस संसार में जन्म लेते हैं।

25 दिसंबर 1924 को आगरा के पास एक छोटे से गाँव बटेश्वर में जन्में अटलजी की तार्किक क्षमता और वक्तृत्व कला का आभास शायद उनके करीबियों को पहले ही हो चुका था तभी तो एक बार स्वयं जवाहर लाल नेहरू ने उनके बारे में एक बार यह कहा था कि ये नौजवान एक दिन भारत का प्रधानमंत्री बनेगा और आर्य सभा के साप्ताहिक सत्संग में बोलने से शुरू हुआ उनका यह सफर एक साहित्यकार, पत्रकार और एक सांसद से होता हुआ भारत देश के प्रधानमंत्री बनने तक पहुँच गया। पहले "राष्ट्रधर्म" पत्रिका के संपादक और साहित्यकार और फिर पत्रकारिता का दायित्व निभाते हुये 10 बार लोकसभा के सदस्य और फिर चार राज्यों (उत्तरप्रदेश, मध्यप्रदेश, गुजरात और दिल्ली) से लोकसभा का प्रतिनिधित्व करते हुये लखनऊ से 5 बार सांसद भी रहे और सिर्फ इतना ही नहीं वे एक नहीं बल्कि तीन-तीन बार भारत के प्रधानमंत्री के तौर पर भी चुने गए।

अपनी उम्र के नौवें दशक में पहुँच चुके इस महान व्यक्तित्व को भारतरत्न' के सम्मान से नवाजा जाना पूरे देश के लिए बेहद गर्व का विषय है। ये अटलजी का महान व्यक्तित्व ही हैं जो भारतरत्न' के सम्मान से नवाजे जाने से न केवल स्वयं उनकी पार्टी भाजपा बल्कि विरोधी पार्टी भी खुशी से भरी नजर आ रही है, ये अटलजी की राजनैतिक शालीनता का ही असर है कि विरोधी खेमा भी उनकी राजनैतिक नेत्रृत्व क्षमता और उनके अतृिग एवं अटल फैसलों पर उनके पक्ष में सम्मान के साथ खड़ा नहर आता है इसीलिए किसी भी देशवासी को इसमें कतई भी शक नहीं कि अटलजी स्वयं भारत के रत्न हैं। प्रत्येक व्यक्ति के दिल में उनके लिए ढेर सारा प्यार और सम्मान है और हो भी क्यों न अटलजी ने अपने जीवन के हर एक क्षण को अपने देश की सेवा में लगाया है,

उन्होंने शुरुआत में तानाशाही का जुल्म सहा और आपातकाल में जेल जाने के बाद सत्ता में आकर भी अपने कदम जमाये यह उनकी देशसेवा का ही बल था कि देश के प्रधानमंत्री रहते हुये उनके कार्यकाल में अनेकों योजनाओं का कायाकल्प हुआ और इसी के साथ उन्हीं के कार्यकाल में 11 और 13 मई सन 1998 को भारत की महान उपलब्धियों में एक और इजाफा करते हुये पोखरण में भूमिगत परमाणु परीक्षण कर भारत परमाणु शक्ति सम्पन्न देश के रूप में विश्व पटल पर उभरा और लाखों युवाओं ने उनसे प्रेरणा ली, ये भारतीय संस्कृती की महानता और अटलजी के विशाल हृदय की उदारता का प्रत्यक्ष परिचय था की सभी झगडें और आपसी मतभेदों को भूलाकर 19 फरवरी सन 1999 को न केवल सदा-ए-सरहद नाम की दिल्ली-लाहौर बस सेवा शुरू की, बल्कि पहले यात्री के तौर पर पाकिस्तान जाकर पाकिस्तानी प्रधानमंत्री से मुलाकात कर उनसे दोस्ती का हाथ भी बढ़ाया हांलाकि इसके बाद हुये कारगिल युद्ध से उन्हे तीव्र पीड़ा का दंश भी झेलना पड़ा लेकिन इससे भी वो रूके नहीं झुके नहीं, और निरंतर निस्वार्थ भाव से अपने देश की सेवा में लगे रहे।

संयम और शालीनता की प्रतिमूर्ति अटलजी और उनकी राष्ट्रसेवा के बारे में जितना भी लिखा जाये वह कम ही होगा इसलिए आज उनकी इस अमिट छवि और एक चमत्कारी व्यक्तित्व के बारे में लिखते हुये मैं स्वंम को असमर्थ पाता हूँ हांलाकि ये भी मेंरे भाग्य कि ही बात है कि अटलजी के जन्मदिवस और उनके भारतरत्न' से सम्मानित होने के ही क्षण ही एक लेखक के तौर पर ये मेंरा पहला लेख भी है और शायद इसी वजह से आज इस महान शख्सियत के बारे में दो शब्द लिखने का दुस्साहस मैं जुटा पाया हूँ। मैं अपने आपको बेहद सौभाग्यशाली भी मानता हूँ की उनके विषय में मैं कुछ पंक्तियाँ लिख पाया, उनकी कवितायें हमेंशा हमारी पथप्रदर्शक

बनकर हमारे दिलों में हौसले की लॉ जलाए रहेंगी और अन्त में उनकी ही कविता की पंक्तियों के साथ हम सभी उनके दीर्घआयु होने की कामना करतें हैं।

बाधाएँ आती हैं आएँ
घिरें प्रलय की घोर घटाएँ,
पावों के नीचे अंगारे,
सिर पर बरसें यदि ज्वालाएँ,
निज हाथों में हँसते-हँसते,
आग लगाकर जलना होगा।
कदम मिलाकर चलना होगा।
हास्य-रूदन में, तूफानों में,
अगर असंख्यक बलिदानों में,
उद्यानों में, वीरानों में,
अपमानों में, सम्मानों में,
उन्नत मस्तक, उभरा सीना,
पीड़ाओं में पलना होगा।
कदम मिलाकर चलना होगा।
उजियारे में, अंधकार में,
कल कहार में, बीच धार में,
घोर घृणा में, पूत प्यार में,
क्षणिक जीत में, दीर्घ हार में,
जीवन के शत-शत आकर्षक,
अरमानों को ढ़लना होगा।
कदम मिलाकर चलना होगा।
सम्मुख फैला अगर ध्येय पथ,
प्रगति चिरंतन कैसा इति अब,
सुस्मित हर्षित कैसा श्रम श्लथ,
असफल, सफल समान मनोरथ,
सब कुछ देकर कुछ न माँगते,
पावस बनकर ढ़लना होगा।
कदम मिलाकर चलना होगा।
कुछ काँटों से सज्जित जीवन,

प्रखर प्यार से वंचित यौवन,
नीरवता से मुखरित मधुबन,
परहित अर्पित अपना तन-मन,
जीवन को शत-शत आहुति में,
जलना होगा, गलना होगा।
कदम मिलाकर चलना होगा।

अटल बिहारी वाजपेयी : शांति के देवदूत-मानवता के साक्षात स्वरूप

धोती-कुर्ता पहने 28 बरस का एक नौजवान 8 मई, 1953 को दिल्ली रेलवे स्टेशन पर एक पैसेंजर ट्रेन की अनारक्षित बोगी में अपना सामान धकेलने की जद्दोजहद कर रहा था। यह नजारा भारतीय जनसंघ (वर्तमान भारतीय जनता पार्टी के पूर्ववर्ती दल) के संस्थापक डॉ. श्यामा प्रसाद मुखर्जी की रवानगी का था। डॉ. मुखर्जी सरकार के प्रवेश-परमिट आदेश का उल्लंघन करने और जम्मू-कश्मीर का भारतीय संघ में पूर्ण विलय किए जाने की माँग को लेकर राज्य में दाखिल होने के मिशन पर रवाना हो रहे थे। उनके साथ मौजूद इस अनजान से युवक का नाम अटल बिहारी वाजपेयी था, जो अब तक पत्रकार रहने के बाद डॉ. मुखर्जी के राजनीतिक सचिव बने थे।

डॉ. मुखर्जी को 10 मई, 1953 को जम्मू-कश्मीर सीमा पर उस समय गिरफ्तार कर लिया गया, जब वे प्रवेश परमिट लिए बिना राज्य में दाखिल हो रहे थे। उन्हें श्रीनगर जेल ले जाया गया। उन्होंने अपने साथी वाजपेयी को पार्टी के सदस्यों के लिए संदेश और आंदोलन जारी रखने के पैगाम के साथ दिल्ली वापस भेज दिया। उनका कहना था एक देश में दो विधान, दो प्रधान और दो निशान नही चलेंगे।

डॉ. मुखर्जी की श्रीनगर में हिरासत के दौरान रहस्यमय परिस्थितियों में 23 जून, 1953 को मौत हो गई और युवा वाजपेयी अपनी वाकपटु भाषण शैली के साथ अपने राजनीतिक मार्गदर्शक का संदेश देशभर में फैलाने में जुट गए और उन्होंने स्वाधीन भारत के राजनीतिक परिदृश्य पर अमिट छाप छोड़ी।

अटलजी दूसरे आम चुनाव के दौरान 1957 में उत्तर प्रदेश के बलरामपुर से लोकसभा सदस्य बने और उनके प्रथम भाषण ने उन्हें तत्कालीन प्रधानमंत्री जवाहर लाल नेहरू सहित अनेक समकालीन अनुभवी सांसदों से सराहना दिलवाई। पंडित

नेहरू ने एक बार किसी विदेशी मेंहमान से श्री वाजपेयी का परिचय करवाते हुए कहा था कि "ये नौजवान एक दिन देश का प्रधानमंत्री बनेगा।"

नेशनल कॉन्फ्रेंस के नेता शेख अब्दुल्ला को जब 8 अप्रैल 1964 को दिल्ली में नजरबंदी से रिहा किया गया और उन्हें पाकिस्तान के कब्जे वाले कश्मीर जाने की अनुमति दी गई, तो अटलजी, राज्य सभा में पंडित नेहरू की आलोचना करने से भी नहीं चूके। लेकिन उन्हीं वाजपेयी जी ने पंडित नेहरू का 27 मई 1964 को निधन होने पर, दिवंगत प्रधानमंत्री को ऊपरी सदन में भावभीनी श्रद्धांजलि भी दी। अपने राजनीतिक विरोधियों का सम्मान हमेंशा से श्री वाजपेयी के बहुमुखी व्यक्तित्व की विलक्षण विशेषता रही है।

हृदय से कवि, अटलजी ने कविता को किसी भी परिस्थिति में स्वयं को अभिव्यक्त करने का माध्यम बना लिया। वे अक्सर भाषण के दौरान अपना संदेश देने के लिए अपनी कविता का पाठ करके श्रोताओं को मंत्रमुग्ध कर देते।

अटलजी को यह प्रतिभा अपने पिता कृष्ण बिहारी वाजपेयी से विरासत में मिली थी और वे बचपन से ही कविताओं की रचना करते रहे और अपने पिता के साथ पूर्व रियासत ग्वालियर में कवि सम्मेंलनों में जाकर उनका पाठ करते रहे, जहां उनका एक मध्यमवर्गीय परिवार में, एक विद्यालय के अध्यापक के घर में जन्म हुआ था।

उनका काव्य संग्रह "मेंरी इक्यावन कविताएं" बहुत लोकप्रिय है। प्रसिद्ध फिल्म निर्माता यश चोपड़ा ने "अंतर्नाद" नामक एक एलबम का निर्देशन किया है। यह एलबम अटलजी की कुछ बेहतरीन कविताओं पर आधारित है, जिन्हें शाहरुख खान के साथ गजल गायक जगजीत सिंह ने स्वर दिए हैं।

जम्मू-कश्मीर पर उनकी एक कविता "मस्तक नहीं झुकेगा" जम्मू-कश्मीर के मामले पर भारत की स्थिति दर्शाती है।

1977 में जनता पार्टी की सरकार में विदेश मंत्री रहते हुए श्री वाजपेयी ने पाकिस्तान सहित भारत के पड़ोसी देशों के साथ शांतिपूर्ण सह-अस्तित्व और परस्पर सम्मान के सिद्धांत पर आधारित मैत्रीपूर्ण संबंधों की नीति का अनुसरण किया। उनका प्रसिद्ध कथन "आप दोस्त बदल सकते हैं, पड़ोसी नहीं" भारत के विदेश मंत्रालय का सूक्ति वाक्य बन चुका है।

जब श्री वाजपेयी 1996 में 13 दिन के लिए पहली बार और उसके बाद 1998 में 13 महीनों के लिए और 1999 में पूरे पांच साल के कार्यकाल के लिए प्रधानमंत्री बने, तो पाकिस्तान के साथ जम्मू कश्मीर सहित सभी लंबित मामलों का

शांतिपूर्ण ढंग से, बिना किसी तीसरे पक्ष के हस्तक्षेप के द्विपक्षीय बातचीत से समाधान उनका मंत्र था।

13 मई 1998 को पोखरण में सफल परमाणु परीक्षण "ऑपरेशन शक्ति" अटलजी का रणनीतिक मास्टर स्ट्रोक था, जिसका उन्होंने व्यापक संहार की क्षमता वाले हथियार की जगह "निवारक" करार देते हुए बचाव किया। उन्होंने भारत को विश्व के अभिजात्य परमाणु क्लब में स्थान दिला दिया, हालांकि भविष्य में परमाणु परीक्षणों पर रोक की घोषणा की। 19 फरवरी 1999 को लाहौर बस यात्रा के दौरान वे शांति का संदेश लेकर पाकिस्तान गए।

श्री वाजपेयी ने "मीनार-ए-पाकिस्तान" का दौरा किया, जहां उन्होंने पाकिस्तान के अस्तित्व के लिए भारत की प्रतिबद्धता की एक बार फिर से पुष्टि की।

लाहौर में गवर्नर्स हाउस में भावपूर्ण भाषण देकर उन्होंने पाकिस्तान की जनता को अपना कायल बना दिया। इस भाषण का पाकिस्तान और भारत में सीधा प्रसारण किया गया।

अटलजी ने परस्पर विश्वास के आधार पर दोस्ती का हाथ बढ़ाया तथा आतंकवाद और मादक पदार्थों की तस्करी रहित भारतीय उपमहाद्वीप में गरीबी के खिलाफ सामूहिक संघर्ष का आह्वान किया।

श्री वाजपेयी जी के भावनाओं से परिपूर्ण भाषण ने प्रधानमंत्री नवाज शरीफ को यह कहने पर विवश कर दिया - "वाजपेयी साहब अब तो आप पाकिस्तान में भी इलेक्शन जीत सकते हैं।"

वाजपेयी जी ने पाकिस्तान के प्रधानमंत्री नवाज शरीफ के साथ 21 फरवरी 1999 को लाहौर घोषणा-पत्र पर भी हस्ताक्षर किए, जिसमें दोनों देशों के बीच जम्मू-कश्मीर सहित सभी द्विपक्षीय मामलों के शांतिपूर्ण और बातचीत के जरिए समाधान तथा जनता के बीच आपसी संपर्क को बढ़ावा देने पर सहमति व्यक्त की।

अटलजी ने इस बस सेवा को तब भी नहीं रुकवाया, जब पाकिस्तान के सेना प्रमुख परवेज मुशर्रफ ने मई और जुलाई 1999 के बीच करगिल पर हमला किया। इस हमले को भारतीय सशस्त्र बलों ने सफलतापूर्वक नाकाम कर दिया और पाकिस्तानी सेना को क्षेत्र की पहाड़ियों से कब्जा हटाने के लिए बाध्य कर दिया।

हालांकि भारतीय संसद पर 13 दिसंबर 2001 को पाकिस्तान-आईएसआई द्वारा प्रायोजित आतंकवादी हमले के बाद दोनों पड़ोसियों के बीच तनाव बढ़ने पर

यह बस सेवा रोक दी गई। हालांकि जब पाकिस्तान ने भारत सरकार और अंतर्राष्ट्रीय समुदाय को यह भरोसा दिलाया कि वह अपनी जमीन का इस्तेमाल आतंकवादी गतिविधियों के लिए नहीं होने देगा, तब 16 जुलाई 2003 को यह सेवा बहाल कर दी गई।

पिछले 13 से ज्यादा वर्षों में भारत-पाक संबंधों में कई उतार-चढ़ाव आए, लेकिन दिल्ली लाहौर बस दोनों देशों के बीच संपर्क बरकरार रखते हुए उनकी जनता की इच्छाओं का प्रतीक बनी रही।

अटलजी का इंसानियत, जम्हूरियत और कश्मीरियत की भावना के साथ जम्मू-कश्मीर में शांति, प्रगति और समृद्धि का सिद्धांत घाटी के उग्रवादी तत्वों और शायद नियंत्रण रेखा के पार पाकिस्तान के कब्जे वाले कश्मीर में बसे कश्मीरियों सहित जम्मू-कश्मीर के राजनीतिक धरातल के सभी वर्गों द्वारा सराहा गया।

कारगिल संघर्ष, भारतीय विमान का अपहरण कर कंधार ले जाने और भारतीय संसद पर आतंकवादी हमले सहित बातचीत की पहल के रास्ते में आए सभी व्यवधानों और पाकिस्तानी सेना और आईएसआई द्वारा उकसाने की गंभीर कोशिशों के बावजूद वाजपेयी ने शांति प्रक्रिया को पटरी से नहीं उतरने दिया।

उनकी एनडीए सरकार ने उपमहाद्वीप की शांति और भाईचारे के व्यापक हित में, विश्वास बहाली के उपायों और जनता के बीच आपसी संपर्क को प्रोत्साहन देना जारी रखा, जो उस क्षेत्र की प्रगति और विकास का अनिवार्य घटक है, जहां एक-तिहाई आबादी गरीबी रेखा से नीचे जीवन यापन करने को विवश है।

अब भारत के सबसे लोकप्रिय और ऊर्जावान नेता, प्रधानमंत्री नरेन्द्र मोदी के नेतृत्व में एनडीए-2 आतंकवाद मुक्त समृद्ध दक्षिण एशिया के वाजपेयी के अधूरे एजेंडे को पूरा करने के मिशन पर जुट गई है।

प्रधानमंत्री श्री मोदी ने सभी पड़ोसी देशों के साथ रिश्ते सुधारने की भारत की अग्र सक्रिय नीति के मामले में उसी सिरे से शुरुआत की है, जहां पर श्री वाजपेयी ने उसे छोड़ा था। सभी पड़ोसी देशों से रिश्ते सुधारने के प्रयासों की झलक एनडीए-2 की शुरुआत के समय ही देखने को मिली, जब सार्क के सभी सदस्य देशों के राष्ट्राध्यक्षों और शासनाध्यक्षों को लुटियन की दिल्ली में भव्य राष्ट्रपति भवन के प्रांगण में नरेन्द्र भाई के शपथ ग्रहण समारोह में आमंत्रित किया गया।

बाद में बतौर प्रधानमंत्री अपनी आरंभिक विदेश यात्राओं के लिए श्री मोदी ने सार्क की भावना में भूटान और नेपाल को चुना।

नरेन्द्र मोदी ने सदैव श्री वाजपेयी का बेहद सम्मान किया है और उन्हें अपना आदर्श माना है। वे कभी भी जीवित किंवदंती बन चुके इस महान व्यक्तित्व की सराहना करने से नहीं चूकते।

20 मई 2014 को नवनिर्वाचित भाजपा संसदीय दल का सर्वसम्मत नेता चुने जाने के ऐतिहासिक अवसर पर संसद के केन्द्रीय कक्ष में उद्गार व्यक्त करते समय भी नरेन्द्र मोदी, श्री वाजपेयी को याद करना नहीं भूले। उन्होंने कहा, "यदि अटलजी का स्वास्थ्य अनुमति देता और वे आज हमारे बीच होते, तो सोने पर सुहागा होता।"

प्रधानमंत्री मोदी ने भी जम्मू-कश्मीर और लद्दाख की जनता के प्रति अपना गहरा स्नेह प्रदर्शित किया है और छह महीने की छोटी-सी अवधि में भी उन्होंने इन तीनों क्षेत्रों के कई दौरे किए हैं।

राज्य में अपनी चुनावी रैलियों के दौरान नरेन्द्र मोदी ने जनता से वादा किया कि उनकी सरकार अटल बिहारी वाजपेयी का सपना साकार करेगी तथा राज्य में इंसानियत, जम्हूरियत और कश्मीरियत पर आधारित शांति और समृद्धि लाएगी।

राज्य की यात्राओं के दौरान श्री मोदी ने सदैव इस बात का उल्लेख किया कि अटलजी ने अपने तीन सूत्री कश्मीर सिद्धांत के जरिए कश्मीरियों के दिलों में खास जगह बना ली है और प्रत्येक कश्मीरी युवक में बेहतर भविष्य की उम्मीद जगा दी है।

उन्होंने कहा—"हमारा मंत्र सिर्फ विकास, विकास और विकास है" उन्होंने कहा "जम्मू-कश्मीर का पूर्ण विकास करके मैं अपने प्रति आपके भरोसे को मैं सूद सहित लौटाउंगा।"

प्रधानमंत्री मोदी ने राज्य को भरोसा दिलाया "यह मेंरी कामना है और मैं अटलजी के सपने को साकार करने के लिए यहाँ बार-बार आउंगा।"

25 दिसंबर को अटलजी के 90वें जन्मदिन को "सुशासन दिवस" के रूप में मनाने का नरेन्द्र मोदी सरकार का यह फैसला संभवतः उनकी पार्टी की युवा पीढ़ी की ओर से कई दशकों तक उनके मित्र, दार्शनिक एवं मार्गदर्शक रहे व्यक्तित्व के लिए सबसे उपयुक्त भेंट है।

मध्यमार्ग के शीर्ष पुरुष 'अटल'

अटल बिहारी वाजपेयी ने अपनी एक प्रसिद्ध कविता में ईश्वर से प्रार्थना की है कि वह उन्हें इतनी ऊंचाई पर न पहुंचाए जिससे कि वे सबसे दूर हो जाएं। प्रार्थना के विपरीत उन्हें एक सर्वस्वीकार्य राष्ट्र पुरुष जैसी ऊंचाई मिली। उनका यह सोच

निराधार साबित हुई और वह इतनी ऊंचाई पाकर भी कहीं भारतीय जनमानस से दूर नहीं हुए। आधी शताब्दी से भी अधिक के सार्वजनिक जीवन के किसी कालखंड में वह भारतीय लोकजीवन से अलग नहीं हुए। जनमानस को समझने का शायद उन्हें कभी अलग से प्रयास नहीं करना पड़ा। उनकी यही अद्भुत क्षमता उनके व्यक्तित्व की सबसे बड़ी विशेषता रही है। भारतीय समाज से उनका संवाद सहज और स्वतः स्फूर्त था। ऐसा उनका निजी पृष्ठभूमि के कारण भी था जिसने बाद में उनके सार्वजनिक जीवन में भी योगदान दिया। सांगठनिक और राजनीतिक कार्यों से लगातार भ्रमण करते रहने में उनका बड़ा समय निकला। कभी पदयात्रा, कभी साइकिल यात्रा तो कभी मोटर साइकिल यात्रा और फिर दूसरे साधन से जुड़ते दिन बदलते रहे, स्थान बदलते रहे, मौसम और वर्ष बीते। यहाँ तक कि दशक बीते। लेकिन दौरों, जनसम्पर्क और जनसभाओं का क्रम चलता रहा। 'चरैवेति-चरैवेति ' की इसी जीवनचर्या ने उन्हें भारतीय जनमानस से एकाकार कर दिया। यह कहना चाहिए कि उन्हें भारतीय समाज को अलग से समझने की आवश्यकता नहीं पड़ी। यह उनके सोच व स्वभाव में समाहित हो गया।

उनके द्वारा पुष्पित-पल्लवित पौधा अब विशाल बट-वृक्ष बन गया है। यह स्वाभाविक है कि संघर्ष की लंबी अग्नि परीक्षा को भुला दिया जाए। आज के अटलजी इसी संघर्ष की देन हैं। यह भी इनकी अद्वितीय पहचान है। प्रमाण यह है कि जब उनके संगठन की संसदीय शक्ति नगण्य थी उस समय भी उनका व्यक्तित्व राष्ट्रीय नेतृत्व की अग्रिम पंक्ति में स्थापित हो चुका था। 1974 में उत्तर प्रदेश विधानसभा चुनाव में पार्टी ने मुख्यमंत्री के तौर पर उन्हें आगे बढ़ाया। उस समय दल बहुत कमजोर स्थिति में था। उसके बाद भी कार्यकर्ताओं, मतदाताओं को ऐसा लगता था कि सीएम पद वाजपेयी जैसे व्यक्ति के लिए छोटा है। इसीलिए पार्टी को इस घोषणा का लाभ नहीं मिला। स्थिति यह थी कि जहां संगठन का आधार नगण्य था, वहाँ भी उनकी जनसभा में अपार उत्साह दिखता था। उस समय यह एक नियम बन गया था कि निर्धारित समय से दो तीन घंटे बाद उनका भाषण कराया जाता। आयोजक यह मानते थे कि अटलजी के भाषण को सुने बिना कोई नहीं जाएगा।

भारतीय समाज के मौलिक संस्कार को अटलजी ने बहुत सटीक तरीके से समझा और उसे अपने जीवन में उतारा भी। राजनीति में हिंसक टकरावों के दुर्भाग्यपूर्ण दौर भी आए। लेकिन भारतीय समाज की समन्वयवादी शांति प्रिय सोच पर अटलजी की आधारभूत आस्था हमेंशा अटल ही रही। उन्होंने अराजकता के

ऐसे सभी निराशाजनक प्रसंगों में दृढ़ता से कहा कि भारतीय समाज इस हिंसक, विभाजक राजनीति को लंबे समय तक स्वीकार नहीं करेगा। अटलजी मन से मानते रहे कि राजनीति से विग्रह, विवाद और विभाजन को अलग नहीं किया जा सकता। लेकिन अंततः समन्वय, संवाद और सहमति से समाधान संभव होगा। यह संदर्भ उन्होंने बार बार उजागर किया है। अटलजी के अनुसार समस्या के समाधान की यही भारतीय पद्धति है, जनतंत्र की मूल भावना भी यही है। संसदीय प्रणाली में इसकी आवश्यकता और बढ़ जाती है क्योंकि इस प्रणाली में एक ही संसद या विधानसभा में सरकारी दल व विरोधी दल सरकार में आते जाते रहते हैं। दलों के बीच समीकरण बनते बिगड़ते रहते हैं। इसलिए हमारी राजनीति में संवाद और समन्वय समुचित स्थान मिलना चाहिए। दलों की दीवार को दिलों की दीवार नहीं बनने देना चाहिए। वाजपेयी ने समन्वय की इस राजनीति को राष्ट्र नीति के स्तर तक पहुंचाया, क्योंकि उनका व्यक्तित्व एक पारदर्शी, निश्चछलतापूर्ण और गहन गंभीरता से भरा हुआ रहा। इसी कारण संसद में शायद ही कभी ऐसा हुआ हो कि उनके खड़े होने या संबोधन के बीच में विरोधियों ने कोई बड़ा व्यवधान खड़ा किया हो।

अट्ठाइस दलों की सरकार चलाना और पहली गैर कांग्रेसी सरकार के रूप में कार्यकाल पूरा करने वाले पहले और अभी तक आखिरी प्रधानमंत्री वही हैं। अटलजी ने सद्भाव, संवाद, समन्वय की राजनीति को शिखर पर जरूर पहुंचाया। लेकिन इसका यह अर्थ कतई नहीं है कि उन्होंने कठोर निर्णय लेने में कभी कोई संकोच किया हो। बाहरी तौर पर यह जरूर दिखता था कि वे अपने संगठन और सरकार के नियंत्रण में कोई विशेष रुचि नहीं लेते हैं। लेकिन आवश्यकता पड़ने पर वह हस्तक्षेप करते थे और उनका हस्तक्षेप ही निर्णायक होता था। वह कोमल हृदय हैं लेकिन कमजोर नहीं। शायद यही वजह है कि उनकी इसी विशिष्ट कार्यशैली के कारण कभी उनके मंत्रियों पर भ्रष्टाचार का कोई बड़ा आरोप नहीं लगा। संगठन में भी सबको मालूम था कि रोजमर्रा के कामों में वह हस्तक्षेप नहीं करेंगे। और जब करेंगे तो वह अंतिम होगा। ऐसे प्रसंगों की भरमार है कि जब उन्होंने एक दो पंक्तियों में ही अपनी बात कह दी और पूरे संगठन को उनके आदेश का अनुसरण करना पड़ा। 1980 में भाजपा को जनसंघ से अलग करने और उसके सांगठनिक ढांचे को बनाने का निर्णय साधारण नहीं था। शुरू में उसका परिणाम भले ही अच्छा न रहा हो। लेकिन बाद में यह प्रयोग सफल रहा। इसी तरह 1999 में तेरह महीने की सरकार को बचाने की कोशिश न करके अपने दृढ़ संकल्प और दूरदर्शिता का परिचय दिया।

नए चुनाव के नतीजों ने उन्हें फिर से पूरे कार्यकाल तक सरकार चलाने का मौका दिया।

अटलजी की यह नीति अंतरराष्ट्रीय संबंधों में उनके शांति प्रयासों से भी दिखाई देती है। प्रधानमंत्री के तौर पर उनके प्रयासों की पर्याप्त चर्चा भी हुई। उन्होंने जनता पार्टी की सरकार के विदेश मंत्री की भूमिका में अपनी इसी नीति पर काम किया। यही सोच उनकी लाहौर बस यात्रा के दौरान भी दिखी। इतना ही नहीं 'अलगाववादियों को इंसानियत की सीमा में' वार्ता करने का न्यौता दिया। इस्लामिक पवित्र महीने में सैनिक कार्रवाई रोकने की एकपक्षीय घोषणा उनकी इसी सोच का नतीजा थी। उनके सद्भावपूर्ण प्रयास असफल हुए लेकिन अंतरराष्ट्रीय बिरादरी को सच्चाई भी मालूम हुई। पोखरण परमाणु परीक्षण भी ऐसा ही एक निर्णय था। परीक्षण के तुरंत बाद विदेशी दबाव खुलकर सामने आ गया, बावजूद इसके भारत ने उसका सफलता पूर्वक सामना किया। अटलजी के इसी दृढ़ संकल्प के कारण कारगिल में भारतीय सेना ने सीधी कार्रवाई कर आपरेशन पराक्रम को मूर्त रूप दिया। उन्होंने आगरा शिखर वार्ता के विफल होने की भी कभी चिंता नहीं की।

प्राचीन भारतीय चिंतक भीष्म ने राजनीति को "न शीतो च घर्मदः" कहा है। अर्थात नीति कभी अत्यधिक कठोर और कोमल नहीं होनी चाहिए। अटलजी का पूरा सार्वजनिक जीवन इसी मध्य मार्ग पर चला है। वे भारतीय राजनीति के शीर्ष संयोजक सेतु हैं। उनके जन्मदिन के अवसर पर हर भारतीय की यही कामना है कि वह फिर से स्वस्थ व शतायु हों।

अटल बिहारी वाजपेयी : इतिहास पुरुष

ग्वालियर की धरती पर एक ऐसा गुदड़ी का लाल पैदा हुआ जिसने अपने व्यक्तित्व और कृतित्व से भारत का नाम विश्व में स्वर्णाक्षरों में लिख दिया। एक सामान्य शिक्षक के घर में पैदा हुए उस असामान्य व्यक्तित्व का नाम है - प्रखर राष्ट्रवादी भारतमाता के सपूत पं. अटल बिहारी वाजपेयी। 25 दिसंबर को भारतीय जनता पार्टी ने सुशासन दिवस के रूप में मनाने का निर्णय लिया है।

अटलजी की उदारता को समझने की जो लोग कोशिश करना चाहें वे सिर्फ इस वाक्य से समझ सकते हैं जय जवान, जय किसान और जय विज्ञान। भारत के पूर्व प्रधानमंत्री स्व. लालबहादुर शास्त्री ने नारा दिया था जय जवान, जय किसान।

अटलजी प्रधानमंत्री बने तो उन्होंने यह नहीं कहा कि यह नारा हटा दो बल्कि उन्होंने कहा कि इसके आगे एक शब्द और जोड़ दो जय विज्ञान। 'जय जवान, जय

किसान और जय विज्ञान इसे उदारता और राजनीतिक श्रेष्ठता का अद्वितीय उदाहरण माना जा सकता है।

अटलजी ग्वालियर के वे गौरवदीप हैं, वहीं भारत के वे अमोल रत्न हैं। वे अस्वस्थ हैं। उनका संपर्क अब किसी से नहीं है। काफी समय हो गया उनकी सभा सुने। वाणी में प्राण और प्राण में प्रण लेकर बिरले लोग ही पैदा होते हैं।

अटलजी से जुड़ी अनेक स्मृतियां करोड़ों लोगों के स्मृति पटल पर आज भी अजर-अमर हैं। लगता है कल ही की तो बात है, अटलजी से मिलकर आए थे। वे शहरों में रहने के आदी नहीं रहे। उन्होंने कभी नहीं सोचा होगा कि वे भारत के प्रधानमंत्री बनेंगे पर इसके उलट देशवासी वर्षों से इंतजार कर रहे थे कि कब बनेंगे प्रधानमंत्री अटल बिहारी वाजपेयी।

25 दिसंबर 1924 को ग्वालियर में जन्में अटलजी भारतीय राजनीति का वह नाम है जिस पर एक दल भाजपा नहीं बल्कि जिस पर भारत गौरव करता है। आज भी अटलजी सेंट्रल हॉल से लेकर दोनों सदनों के प्रत्येक सदस्य की जुबां पर छाए रहते हैं। कोई दिन ऐसा नहीं बीतता है जब अटलजी की चर्चा नहीं होती हो।

अटलजी अभिमान हैं। अटलजी स्वाभिमान हैं। अटलजी सम्मान हैं। अटलजी अनुराग हैं। अटलजी सहज हैं। अटलजी आशीष हैं। अटलजी स्नेह हैं। अटलजी समुख हैं। अटलजी सत्यम्म्, शिवम और सुन्दरम हैं। अटलजी साहित्य हैं।

अटलजी कवि हैं। अटलजी प्रख्यात चिंतक हैं। उनकी दूरदृष्टि के सभी कायल हैं। वे मूल में विचारक हैं। वे गीतायण, सीतायण और रामायण के प्रतीक हैं। वे कल-कल बहती सरिता हैं। वे विंध्याचल के अटूट पहाड़ हैं। उनमें मां का ममत्व है तो उनमें पिता का पुण्य भी है।

अटलजी संसद के गौरव हैं तो वे गांव के ग्रामीणों की आत्मा की आवाज भी हैं। वे कुल देवता हैं। वे ग्राम देवता हैं। वे शीतल छायादार वृक्ष हैं। वे मित्रों के मित्र हैं ही, पर जो उन्हें अपना नहीं मानते उसे भी वे अपना लेते हैं। वे राजनीति की आस्था और निष्ठा हैं। वे राजनीति में विश्वास हैं। वे राजनीति में मर्यादा के पालक हैं।

वे शालीनता और विनम्रता के पुंज हैं। वे वरद् पुंज हैं। वे शब्दों के साधक हैं और भारत माँ के आराधक हैं। उनकी रग-रग में भक्ति और जनशक्ति है। वे आनंद के प्रतीक हैं। वे अंधेरे के लिए प्रकाश हैं।

अटलजी पहले गैर-कांग्रेसी प्रधानमंत्री बने। वे जब प्रधानमंत्री बने तो संघ ने ही नहीं उन्होंने स्वयं ताकत से और स्नेह से कहा कि मैं राष्ट्रीय स्वयंसेवक संघ का

स्वयंसेवक हूं। वे संकल्प के धनी हैं। जनता पार्टी बनी तो राष्ट्रहित में जनसंघ विसर्जित कर दिया और जब दोहरी सदस्यता का सवाल खड़ा किया तो साफ शब्दों में कहा कि जिस आंचल में बचपन बीता, उसे कैसे छोड़ सकते हैं।

उन्होंने दो-टूक शब्दों में कहा कि राष्ट्रीय स्वयंसेवक संघ से संबंध है और सदैव रहेगा। आप चाहें तो विचार करें। हमारा तो विचार सदैव अडिग और अमर है। विचारधारा की यह प्रबलता आज की भारतीय राजनीति भोग रही है। आज राजनीतिज्ञों के जीवन में विचारधारा में आई लचरता अनेक प्रश्न खड़ी करती है। अटलजी हर परीक्षा में खरे उतरे। वे सच हैं। उन्होंने सदैव स्पष्टता रखी और अपनी बात कही, पर माना वही जो सामूहिक निर्णय हुआ।

अटलजी शब्द नहीं और केवल नाम नहीं है। वे बहुत विषयों के शोधित ग्रंथ हैं। वे दर्शन हैं। वे शानदार डिप्लोमेंट रहे। वे भारत को जानते थे और भारत के साथ-साथ भारत की चित्ति को भी जानते थे।

अटलजी वे शख्स हैं जिन्होंने स्वयं सदन में छोटी-सी उम्र में तत्कालीन प्रधानमंत्री पं. नेहरू से दो-दो हाथ किए थे। अटलजी और लालजी (लालकृष्ण आडवाणी) की जोड़ी बेमिसाल रही। विश्वास की ऐसी कड़ी भारतीय राजनीति का अनुपम उदाहरण है।

अटलजी, देश चाहता है कि आप स्वस्थ हों। आप के प्रति प्रत्येक देशवासी की शुभकामनाएं हैं। विपक्ष में रहकर सत्तापक्ष में अपने प्रति असीम सम्मान और सत्ता में रहकर विपक्षियों के मन में अनमोल स्थान बनाने की जो दैवीय शक्ति अटलजी में रही, वह भारत सदैव याद करता है। वे भले ही अस्वस्थ हैं, पर उनके स्वस्थ होने की कामना करोड़ों लोग ईश्वर से हाथ जोड़कर कर रहे हैं।

अटलजी महान कवि औरलेखक : लता मंगेशकर

स्वर साम्राज्ञी लता मंगेशकर का मानना है कि पूर्व प्रधानमंत्री अटल बिहारी वाजपेयी एक महान कवि और लेखक हैं जिन्होंने हिंदी भाषा के प्रसार के लिये बहुत कुछ किया।

अटलजी को अपने पिता तुल्य मानने वाली लता ने माइक्रो ब्लागिंग वेबसाइट ट्विटर पर कहा, ' मैं अटलजी को महान कवि और लेखक मानती हूं. उन्होंने हिंदी भाषा के प्रसार के लिये बहुत कुछ किया। वह मेरे पिता समान हैं।"

अपनी सुरीली आवाज से करोड़ों लोगों को दीवाना बनाने वाली लता ने हिंदी दिवस के अवसर पर कहा, ' हमारे देश में हिंदी दिवस है और आज मुझे वह सब

महान लोग याद आ रहे हैं जिनका हिंसा भाषा के प्रसार और उत्क्रांति में एक अतुलनीय योगदान रहा है तथा जिनसे मैं प्रभावित हूं।'

उन्होंने कहा, ''इन लोगों में राष्ट्रकवि मैथिलीशरण गुप्त, महाकवि हरिवंश राय बच्चन, सुमित्रानंद पंत, दिनकर जी, राष्ट्रकवि प्रदीप जी और मेरे बहुत पूज्य पंडित नरेंद्र शर्मा जैसे नाम शामिल हैं। इन सभी विभूतियों का हिंदी भाषा के प्रसार में महत्वपूर्ण योगदान रहा। इन सभी लोगों का मुझपर भी असीम प्रभाव रहा।'

11 भाषाओं के ज्ञाता हैं अटल बिहारी वाजपेयी

भारत के पूर्व प्रधानमंत्री, भारतीय जनसंघ के संस्थापक, भारतीय जनता पार्टी के संस्थापक सदस्य, कवि और 11 भाषाओं के ज्ञाता अटल बिहारी वाजपेयी को कौन नहीं जानता। भारतीय राजनीति में सबसे प्रतिष्ठित नेता और बातों के धनी वाजपेयी को उनके जन्मदिन पर केंद्र सरकार ने भारतरत्न' से नवाजने का फैसला किया है। बाजपेयी तीन बार भारत के प्रधानमंत्री के रूप में अपनी सेवा दे चूके हैं।

अटल बिहारी वाजपेयी का जन्म 25 दिसंबर 1924 को मध्यप्रदेश के ग्वालियर में गरीब ब्राह्मण परिवार में हुआ। इनके पिता कृष्ण बिहारी वाजपेयी हिन्दी एवं ब्रज भाषा के एक कवि थे तथा गांव के स्कूल में शिक्षक का कार्य करते थे इसलिए वायपेयी को काव्य विरासत में मिली।

वाजपेयी ने प्रारंभिक शिक्षा ग्वालियर के सरस्वती शिशु मंदिर से पूरी की। इसके बाद इन्होंने ग्वालियर के विक्टोरिया कॉलेज (अब लक्ष्मीबाई कॉलेज) से हिन्दी, अंग्रेजी और संस्कृत विषय में डिस्टिंगशन के साथ स्नातक की पढ़ाई पूरी की। कानपुर के डीएवी कॉलेज से राजनीति शास्त्र में प्रथम स्थान के साथ एमए की उपाधि प्राप्त की।

इसके बाद वाजयेपी आरएसएस के पूर्णरूपेण सदस्य बन गए। इसी दौरान उन्होंने लॉ की पढ़ाई शुरू की, मगर बीच में ही कोर्स को छोड़ पत्रकारिता में आ गए। पत्रकारिता का चुनाव करना उनके जीवन की सबसे बड़ी उपलब्धि थी, क्योंकि उस समय पूरे देश में आजादी की लहर चल रही थी।

उन्होंने राष्ट्रधर्म (मासिक हिन्दी), पांचजन्य (साप्ताहिक हिन्दी), स्वदेश (रोजाना) तथा वीर अर्जुन (रोजाना) पत्रिका का संपादन किया। संघ के अन्य सदस्यों की तरह वाजपेयी ने कभी भी शादी नहीं करने का फैसला लिया, जो आज तक कायम है।

वाजयेपी 1942 में राजनीति में उस समय आए, जब भारत छोड़ो आंदोलन के दौरान उनके भाई 23 दिनों के लिए जेल गए। 1951 में वाजपेयी ने आरएसएस

के सहयोग से भारतीय जनसंघ पार्टी बनाई जिसमें श्यामा प्रसाद मुखर्जी जैसे नेता शामिल हुए।

1954 में कश्मीर दौरे पर वाजपेयी के साथ गए मुखर्जी की उस समय मौत हो गई, जब दूसरे राज्य से कश्मीर घूमने आए एक युवक की गलत इलाज के बाद मौत हो गई जिसका वे भूख हड़ताल कर विरोध जता रहे थे। मुखर्जी की मौत से वाजपेयी को गहरा झटका लगा।

1957 में वाजपेयी पहली बार बलरामपुर संसदीय सीट से चुनाव जीतकर राज्यसभा के सदस्य बने। वाजपेयी के असाधारण व्यक्तित्व को देखकर उस समय के वर्तमान प्रधानमंत्री पंडित जवाहरलाल नेहरू ने कहा था कि आने वाले दिनों में यह व्यक्ति जरूर प्रधानमंत्री बनेगा। 1968 में वाजपेयी राष्ट्रीय जनसंघ के राष्ट्रीय अध्यक्ष बने। उस समय पार्टी के साथ नानाजी देशमुख, बलराज मधोक तथा लालकृष्ण आडवाणी जैसे नेता थे।

1975-77 में आपातकाल के दौरान वाजपेयी अन्य नेताओं के साथ उस समय गिरफ्तार कर लिए गए, जब वे आपातकाल के लिए इंदिरा गाँधी की आलोचना कर रहे थे। 1977 में जनता पार्टी के महानायक जयप्रकाश नारायण के नेतृत्व में आपातकाल का विरोध हो रहा था।

जेल से छूटने के बाद वाजयेपी ने जनसंघ को जनता पार्टी में विलय कर दिया। 1977 में हुए लोकसभा चुनाव में जनता पार्टी की जीत हुई थी और वे मोरारजी भाई देसाई के नेतृत्व वाली सरकार में बाहरी मामलों के मंत्री बने।

विदेश मंत्री बनने के बाद वाजपेयी पहले ऐसे नेता हैं जिन्होंने संयुक्त राष्ट्र महासंघ को हिन्दी भाषा में संबोधित किया था। जनता पार्टी की सरकार 1979 में गिर गई, लेकिन उस समय तक वाजपेयी ने अपने आपकी एक अनुभवी नेता व वक्ता के रूप में पहचान बना ली थी। इसके बाद जनता पार्टी अंतरकलह के कारण बिखर गई।

1980 में वाजपेयी के साथ पुराने दोस्त भी जनता पार्टी छोड़ भारतीय जनता पार्टी से जुड़ गए। वाजपेयी भाजपा के पहले राष्ट्रीय अध्यक्ष बने। इसके बाद वे कांग्रेस सरकार के सबसे बड़े आलोचक बनकर उभरे।

भाजपा ने पंजाब में हुए सिखों दंगों को सेना द्वारा खत्म करने की काफी आलोचना की और प्रधानमंत्री इंदिरा गाँधी पर देश में सबसे खराब नेतृत्व तथा उसमें भ्रष्टाचार सहित इस दंगे का भी आरोप लगाते हुए उनसे तुरंत इस्तीफा देने का दबाव डाला।

भाजपा ने 1984 में सिखों के विरुद्ध ऑपरेशन ब्लू स्टार का समर्थन करने से इंकार कर दिया और इस ऑपरेशन का पूरी तरह विरोध किया। उस समय सिख भागकर दिल्ली आ गए। उसी दौरान इंदिरा गाँधी के दो सिख गार्डों ने उनकी गोली मारकर हत्याकर दी। 1984 में हुए लोकसभा चुनाव में पार्टी को दो सीटों को नुकसान हुआ और वाजपेयी संसद में विपक्ष के नेता बने।

भाजपा विश्व हिन्दू परिषद तथा आरएसएस द्वारा चलाए जा रहे राम जन्मभूमि आंदोलन की राजनीतिक सहयोगी पार्टी बन गई। यह आंदोलन राम की नगरी अयोध्या में भव्य राम मंदिर बनाने की माँग कर रहा था।

1994 में कर्नाटक तथा 1995 में गुजरात और महाराष्ट्र में पार्टी जब चुनाव जीत गई उसके बाद पार्टी अध्यक्ष लालकृष्ण आडवाणी ने वाजपेयी को प्रधानमंत्री पद का उम्मीदवार घोषित कर दिया।

वाजपेयी 1996 से लेकर 2004 तक 3 बार प्रधानमंत्री बने। 1996 के लोकसभा चुनाव में बीजेपी देश की सबसे बड़ी पार्टी बनकर उभरी और वाजपेयी पहली बार प्रधानमंत्री बने। उनकी सरकार 13 दिनों में संसद में पूर्ण बहुमत हासिल नहीं करने के कारण गिर गई। 1998 के दुबारा लोकसभा चुनाव में पार्टी को ज्यादा सीटें मिलीं और कुछ अन्य पार्टियों के सहयोग से वाजपेयी ने एनडीए का गठन किया और वे फिर प्रधानमंत्री बन गए।

यह सरकार 13 महीनों तक चली, क्योंकि बीच में ही जयललिता की पार्टी ने सरकार का साथ छोड़ दिया था और सरकार गिर गई। 1999 में हुए लोकसभा चुनाव में बीजेपी फिर से सत्ता में आई और इस बार वाजपेयी ने अपना कार्यकाल पूरा किया।

वाजपेयी के शासनकाल में कई महत्वपूर्ण घटनाएं घटीं जिसमें कारगिल युद्ध, दिल्ली-लाहौर बस सेवा शुरू करना, संसद पर आतंकी हमला, गुजरात दंगे आदि प्रमुख हैं।

वाजपेयी ने अपने दूसरे कार्यकाल में अंतरराष्ट्रीय परमाणु संगठन की रोक के बावजूद राजस्थान के पोखरण में परमाणु परीक्षण किया जिसका पाकिस्तान सहित कई देशों में विरोध किया गया और रूस और फ्रांस ने भारत का समर्थन किया।

इसके बाद 1998 के अंत तथा 1999 की शुरुआत में वाजपेयी पाकिस्तान के साथ शांति वार्ता करने लिए पाकिस्तान गए और कश्मीर सहित कई मसले सुलझाकर कई समझौतों पर हस्ताक्षर किया। उसी दौरान वाजपेयी ने दिल्ली-लाहौर बस सेवा शुरू की।

भारत के द्वारा परमाणु परीक्षण से नाराज पाकिस्तान ने भारत पर हमला कर दिया। भारत ने उसका मुहतोड़ जवाब देकर उसे उसके घर में घुसकर मार भगाया। इस युद्ध में भारतीय विजय ऑपरेशन वाजपेयी के नेतृत्व में चल रहा था।

इस दौरान 500 से ज्यादा भारतीय सैनिक तथा 1500 से ज्यादा पाकिस्तानी सैनिक मारे गए थे। 2001 में पाकिस्तानी आतंकवादियों ने संसद पर हमलाकर दिया था जिसे भारतीय सैनिकों ने मार गिराया था।

2000 में वाजपेयी ने नेशनल हाईवे डेवलपमेंट प्रोजेक्ट के अंदर प्रधानमंत्री ग्राम सड़क योजना शुरू की। 2002 में हुए गुजरात दंगे के छींटें भी वाजपेयी पर पड़े। 2005 में वाजपेयी ने राजनीति से संन्यास ले लिया। उसी समय राज्यसभा को संबोधित करते समय वर्तमान प्रधानमंत्री मनमोहन सिंह ने वाजपेयी को वर्तमान राजनीति का भीष्म पितामह कहा था जिसे पूरी दुनिया ने सराहा था।

वाजपेयी के पुराने दोस्तों के अनुसार वाजपेयी ने एक बेटी गोद ली है जिसका नाम नमिता है और उसने भारतीय संगीत और नृत्य भी सीखा है। 1992 में वाजपेयी को पद्मविभूषण, 1993 में कानपुर विश्वविद्यालय से डीलिट की उपाधि, 1994 में लोकमान्य तिलक अवॉर्ड, 1994 में बेस्ट संसद का अवॉर्ड, 1994 में भारतरत्न' व पंडित गोविंद वल्लभ पंत अवॉर्ड से सम्मानित किया जा चुका है।

देश के सर्वाधिक करिश्माई नेताओं में से एक

भारत के सर्वाधिक करिश्माई नेताओं में शुमार अटल बिहारी वाजपेयी का देश के राजनीतिक पटल पर एक ऐसे विशाल व्यक्तित्व वाले राजनेता के रूप में सम्मान किया जाता है जिनकी व्यापक स्तर पर स्वीकार्यता है और जिन्होंने तमाम अवरोधों को तोड़ते हुए 90 के दशक में राजनीति के मुख्य मंच पर भाजपा को स्थापित करने में महत्वपूर्ण भूमिका निभाई।

इसे वाजपेयी के व्यक्तित्व का ही आकर्षण ही कहा जाएगा कि नए सहयोगी दल उस भाजपा के साथ जुड़ते गए जिसे अपने दक्षिणपंथी झुकाव के कारण उस जमाने, खासतौर से बाबरी मस्जिद विध्वंस के बाद राजनीतिक रूप से 'अछूत' माना जाता था। अपनी वाणी के ओज और ठोस फैसले लेने के लिए विख्यात वाजपेयी को भारत. पाकिस्तान मतभेदों को दूर करने की दिशा में ठोस कदम उठाने का श्रेय दिया जाता है। अपने इन ठोस कदमों के साथ वह भाजपा के 'राष्ट्रवादी राजनीतिक एजेंडे' से परे जाकर एक व्यापक फलक के राजनेता के रूप में जाने जाते हैं।

कांग्रेस के बाहर देश के सर्वाधिक लंबे समय तक प्रधानमंत्री पद पर आसीन रहने वाले वाजपेयी को अक्सर भाजपा का उदारवादी चेहरा कहा जाता है। उनके आलोचक हालांकि उन्हें आरएसएस का ऐसा 'मुखौटा' बताते रहे हैं जिनकी सौम्य मुस्कान उनकी पार्टी के हिंदुवादी समूहों के साथ संबंधों को छुपाए रखती है। 1999 की वाजपेयी की पाकिस्तान यात्रा की उनकी ही पार्टी के 'कट्टरवादी नेताओं' ने आलोचना की थी लेकिन वह बस पर सवार होकर किसी विजेता की तरह लाहौर पहुंचे। वाजपेयी की इस राजनयिक सफलता को भारत-पाक संबंधों में एक नए युग की शुरूआत की संज्ञा देकर सराहा गया। लेकिन यह दूसरी बात है कि पाकिस्तानी सेना ने गुप-चुप अभियान के जरिए अपने सैनिकों की कारगिल में घुसपैठ करायी और इसके बाद दोनों पक्षों के बीच छिड़े संघर्ष में पाकिस्तान को मुँह की खानी पड़ी।

भाजपा के चार दशक तक विपक्ष में रहने के बाद वाजपेयी 1996 में पहली बार प्रधानमंत्री बने लेकिन संख्या बल में मात खाने से उनकी सरकार महज 13 दिन ही चल सकी। आंकड़ों ने एक बार फिर वाजपेयी के साथ लुकाछिपी का खेल खेला और स्थिर बहुमत नहीं होने के कारण 13 महीने बाद 1999 की शुरूआत में उनके नेतृत्व वाली दूसरी सरकार भी गिर गई। अन्नाद्रमुक प्रमुख जयललिता द्वारा केंद्र की भाजपा की अगुवाई वाली गठबंधन सरकार से समर्थन वापस लेने के कारण वाजपेयी सरकार धराशायी हो गई। लेकिन 1999 के चुनाव में वाजपेयी पिछली बार के मुकाबले एक अधिक स्थिर गठबंधन सरकार के मुखिया बने जिसने अपना पाँच साल का कार्यकाल पूरा किया।

गठबंधन राजनीति की मजबूरियाँ ही कहिए कि भाजपा को अपने मूल से जुड़े मुद्दों को पीछे धकेलना पड़ा। इन्हीं मजबूरियों के चलते जम्मू कश्मीर को विशेष राज्य का दर्जा समाप्त करने, अयोध्या में राम मंदिर का निर्माण करने और समान नागरिक संहिता लागू करने जैसे उसके चिर प्रतीक्षित मुद्दे ठंडे बस्ते में चले गए। राष्ट्रीय और अंतरराष्ट्रीय फलक पर जवाहरलाल नेहरू की शैली और स्तर के नेता के रूप में सम्मान पाने वाले वाजपेयी का प्रधानमंत्री के रूप में 1998. 99 का कार्यकाल साहसिक और दृढ़निश्चयी फैसलों के वर्ष के रूप में जाना जाता है। इसी अवधि के दौरान भारत ने मई 1998 में पोखरण में श्रंखलाबद्ध परमाणु परीक्षण किए।

वाजपेयी के करीबी लोगों का कहना है कि उनका मिशन पाकिस्तान के साथ संबंधों को सुधारना था और इसके बीच उन्होंने 70 के दशक में मोरारजी देसाई की सरकार में बतौर विदेश मंत्री रहते हुए ही रोपे थे। लाहौर शांति उपायों के विफल रहने के बाद वर्ष 2001 में वाजपेयी ने जनरल परवेज मुशर्रफ के साथ ऐतिहासिक

आगरा शिखर वार्ता की एक और पहल की लेकिन वह भी विफल रही। छह दिसंबर 1992 को अयोध्या में कार सेवकों द्वारा बाबरी मस्जिद को गिराए जाने की घटना वाजपेयी के लिए इस बात की अग्नि परीक्षा थी कि धर्मनिरपेक्षता के पैमाने पर वह कहाँ खड़े हैं। उस समय वाजपेयी लोकसभा में विपक्ष के नेता थे। वाजपेयी के विश्वासपात्र सहयोगी लालकृष्ण आडवाणी और अधिकतर भाजपा नेताओं ने विध्वंस का समर्थन किया लेकिन वाजपेयी ने स्पष्ट शब्दों में इसकी निंदा की। उनकी निजी निष्ठा पर कभी गंभीर सवाल नहीं किए गए लेकिन हथियार रिश्वत कांडों ने उनकी सरकार में भ्रष्टाचार को उजागर किया और ऐसा वक्त भी आया जब उनके फैसलों पर शकांए जाहिर की गईं। वाजपेयी एक जाने माने कवि भी हैं और उनके पार्टी सहयोगी अक्सर उनकी रचनाओं को उद्धृत करते हैं।

25 दिसंबर 1924 को मध्य प्रदेश के ग्वालियर शहर में उनका जन्म हुआ। उनके पिता कृष्ण बिहारी वाजपेयी और माँ कृष्णा देवी हैं। वाजपेयी का संसदीय अनुभव पाँच दशकों से भी अधिक का विस्तार लिए हुए है। वह पहली बार 1957 में संसद सदस्य चुने गए थे। ब्रिटिश औपनिवेशक शासन का विरोध करने के लिए किशोरावस्था में वाजपेयी कुछ समय के लिए जेल गए लेकिन स्वतंत्रता संग्राम में उन्होंने कोई मुख्य भूमिका अदा नहीं की। हिंदू राष्ट्रवादी संगठन राष्ट्रीय स्वयंसेवक संघ (आरएसएस) और जन संघ का साथ पकड़ने से पहले वाजपेयी कुछ समय तक साम्यवाद के संपर्क में भी आए। बाद में दक्षिणपंथी संगठनों से जुड़ाव के बाद जनसंघ और तत्पश्चात भाजपा के साथ उनके घनिष्ठ संबंधों की शुरूआत हुई। 1950 के दशक की शुरुआत में आरएसएस की पत्रिका को चलाने के लिए वाजपेयी ने कानून की पढ़ाई बीच में छोड़ दी। बाद में उन्होंने आरएसएस में अपनी राजनीतिक जड़ें जमाईं और भाजपा की उदारवादी आवाज बनकर उभरे।

राजनीति में वाजपेयी की शुरुआत 1942-45 के भारत छोड़ो आंदोलन के दौरान स्वतंत्रता सेनानी के रूप में हुई थी। उन्होंने कम्युनिस्ट के रूप में शुरूआत की लेकिन हिंदुत्व का झंडा बुलंद करने वाले राष्ट्रीय स्वयंसेवक संघ की सदस्यता के लिए साम्यवाद को छोड़ दिया। संघ को भारतीय राजनीति में दक्षिणपंथी माना जाता है। इसी दौरान वाजपेयी भारतीय जनसंघ के संस्थापक श्याम प्रसाद मुखर्जी के करीबी अनुयायी और सहयोगी बन गए।

जब मुखर्जी ने 1953 में कश्मीर में राज्य में प्रवेश के लिए परमिट लेने की व्यवस्था के खिलाफ आमरण अनशन किया तो वाजपेयी उनके साथ थे। मुखर्जी ने परमिट व्यवस्था को कश्मीर की यात्रा करने वाले भारतीय नागरिकों के साथ 'तुच्छ'

व्यवहार करार दिया था। साथ ही उन्होंने मुस्लिम बहुल आबादी होने के कारण कश्मीर को विशेष दर्जा दिए जाने के खिलाफ भी आमरण अनशन किया था।

मुखर्जी के अनशन और विरोध की परिणति परमिट व्यवस्था समाप्त करने और कश्मीर के भारतीय संघ में विलय की प्रक्रिया तेज किए जाने के रूप में हुई। लेकिन कई सप्ताह की जेलबंदी, बीमारी और कमजोरी के चलते मुखर्जी का निधन हो गया। इन सारी घटनाओं ने युवा वाजपेयी के मन पर गहरी छाप छोड़ी। मुखर्जी की विरासत को आगे बढ़ाते हुए वाजपेयी ने 1957 में अपना पहला चुनाव लड़ा और जीता। भारतीय जनसंघ के नेता के रूप में उन्होंने इसके राजनीतिक दायरे, संगठन और एजेंडे का विस्तार किया। अपनी युवावस्था के बावजूद वाजपेयी जल्द ही विपक्ष में एक सम्मानित हस्ती बन गए जिनकी तर्कशक्ति और बुद्धिमत्ता के उनके विरोधी भी कायल होने लगे। उनकी व्यापक अपील ने उभरते राष्ट्रवादी सांस्कृतिक आंदोलन को सम्मान, पहचान और स्वीकार्यता दिलाई।

4

योगदान

राजनीति में योगदान

'गीता' का महत्व सबके लिए तथा हमेंशा के लिए है क्योंकि यह जिंदगी के तीन मूलभूत सवालों का संतोषजनक उत्तर देती है। हम क्या है? हमें क्या करना चाहिए? और हमें कैसे जिंदगी बितानी चाहिए? 'गीता' के सन्दर्भ में कहे गए ये वाक्य अटल बिहारी वाजपेयी के है। जिनके लिए भाषण देने से महत्वपूर्ण उस भाषण को पहले अपने जीवन के हर पहलू में भी उतारना रहा है। यही कारण था की उनकी इस कर्म प्रधान सोच ने उनके व्यक्तित्व को प्रखर, ओजस्वी और गुणवान बनाया। सत्ता, संगठन और समाज को अपना परिवार मानने वाले अब तक के इस करिश्माई नेता का भारतीय राजनीति में सराहनीय योगदान रहा हैं।

अटल बिहारी वाजपेयी उन महान विभूतियों में से है जो अपनी अगली पीधि को प्रेरणा देते रहे है। उन्होंने राष्ट्र का सफल नेतृत्व किया। उनका नेतृत्व संकीर्ण प्रादेशिकता, जातियता और भाषावाद से परे रहा। सामजिक समरसता का सिद्धांत ही उनके नेतृत्व की विशेषता रहा है। 90 के दशक के मध्यवर्ती सालों में जब देश का नेतृत्व अस्थिर था। ऐसी विकट परिस्थितयों में अटलजी ने देश की कमान संभाली तो गठबंधन की अस्थिर राजनीति ने अपना दायरा और बढ़ा लिया। लेकिन अटलजी

ने अपनी सूझ-बुझ और राजनीतिक कुशलता के चलते इस कठिन गठबंधन की राजनीति की डगर पर चलकर देश को एक मजबूत और स्थाई सरकार दी। इस करिश्माई नेतृत्व की खास बात यह रही की इस भाजपा नीति राष्ट्रीय जनतांत्रिक गठबंधन की सरकार अब तक की सबसे लोकप्रिय सरकार बनी।

आजादी के संघर्ष के दिनों और फिर उसके बाद के आधुनिक भारत में कुछ ही ऐसे जन नेता हुए हैं जिन्होंने भारतीय राजनीति को नए आयाम दिए है। अटलजी भी उन जन नेताओं में से एक है जिनके लिए राजनीति का मकसद जनता में शासन के प्रति विश्वास जगाना है। अपने राजनीतिक सफर के दौरान उनका मत था कि जनता और शासन के बीच प्रमाणिकता का व्यवहार होता है। शासन के जिन अंगों के साथ जनता का संपर्क होता है उन अंगों को प्रमाणिक और भ्रष्टाचार से रहित नहीं बनाया गया था जनता में यह विश्वास जगाना मुश्किल होगा की हम देश में जिस शासन की स्थापना का प्रयत्न कर रहे है वह सभी के विकास के लिए उत्तरदायी होगा। सामान्यतया देश में अलगाववाद और नक्सल समस्या की जड़ भी यही शासन और जनता के बीच का अंतर है। अटलजी इस बात से भली भांति परिचित है कि अगर समस्या को खत्म करना है तो उसे उसकी जड़ से ही खत्म करना चाहिए। इससे साफ पता चलता है की वे समस्या को बाहरी तौर पर नहीं बल्कि गहराई में जाकर उसका हल निकालते है।

देश भर में अपनी असाधारण प्रतिभा और राजनीतिक कुशलता से उन्होंने हमारे सामने कई आदर्श उपस्थित किये है। एक संसद सदस्य होने के नाते भी उनकी जिम्मेंदारी और कर्तव्य था की विश्व के सबसे बड़े लोकतंत्र की मौलिक भावना का आदर करें, और ऐसा उन्होंने अपने समस्त संसदीय कार्यकाल में किया भी। पक्ष और विपक्ष दोनों में रहते हुए उन्होंने हमेंशा ही इस संसद की मान-मर्यादा का ख्याल रखा और उसके लिए निष्ठावान भी बने रहे।

राष्ट्र सेवा को सर्वोपरि मानने वाले अटलजी का बुनियादीसपना था की "भारत के भविष्य की और निहारे", 80-90 के दशक में ही वे भारत को 21वी सदी में ले जाने की बात वे कर चुके थे, और जब देश की जनता ने उन्हें अपनी कही गयी बात को सच करने का मौका दिया तो उन्होंने एक गंभीर राजनेता और अटूट साहस का परिचय देते हुए देश को विकास के शिल्पी भी बने। स्वाधीनता के 50वे वर्ष में प्रवेश के साथ ही अटलजी की लक्ष्य के प्रति अडिग रहने की सोच ने भारत को परमाणु सम्पन्न देश होने का गौरव हासिल करवाया। और इसी के साथ देश ने अगली सहस्त्राब्दी की ओर एक कदम और बड़ा दिया। उनका यह कदम उन राजनेताओं

के लिए एक सीख था कि एक राजनेता के लिए जरुरी है की वह अपने मजबूत इरादों के साथ दूरद्रष्टा भी बने।

अगली कड़ी में उन्होंने अपने आर्थिक चिंतन से सिर्फ संसद ही नहीं बल्कि विदेश तक में लोगों को प्रभावित किया। उनका आर्थिक चिंतन देश की धरती से जुड़ा हुआ था। खेती और किसानों को प्राथमिकता और गृह उद्योगों के विकास के साथ वे हर आम आदमी के तरक्की और उज्जवल भविष्य के लिए हमेंशा आगे रहे। अटलजी की आर्थिक नीति के साथ उनकी विदेश नीति भी भारतीय राजनीति में मील के पत्थर साबित हुई। उनकी विदेश नीति में एक सफल राजनेता होने के साथ एक सफल कूटनीतिज्ञ होने की छवि साफ दिखाई देती है। जब पूरा विश्व आतंकवाद के साए में जी रहा था, खुद भारत में भी कारगिल युद्ध, संसद पर हमला, पडोसी देशों से अलगाव जैसी समस्याएं व्याप्त थी। लेकिन बावजूद इसके अटलजी की प्रतिबद्दता के साथ संकल्पशील कार्य करने की क्षमता ने भारत की अखंडता और संप्रभुता को सुरक्षित रखा।

अटलजी की लेखनी और वाणी दोनों में जबरदस्त प्रभाव है। व्यंग्य, चिंतन, आत्मविश्वास प्रमाणिकता और अभूतपूर्व शैली उनकी लेखनी और वाणी दोनों की जान है। उनकी इस ह्रदयस्पर्शीकला के तो उनके आलोचक भी दीवाने है। साफ सुथरी छवि और विनम्र स्वभाव वाले अटल बिहारी वाजपेयी ने डॉ. श्यामा प्रसाद मुखर्जी के राष्ट्रवाद और पंडित दीन दयाल उपाध्याय के एकात्म मानववाद के सिद्दांत को अपने राजनीतिक, सामजिक और निजी सफर का आदर्श बनाया हुआ है। परिणामस्वरूप भारतीय राजनीति के भविष्य के प्रति आशंकाओं का उन्होंने अपने अनुशासन, एकता और आत्मविश्वास से निवारण किया है। आज देश का लोकतंत्र अपने 6 दशक पूरे कर भविष्य की ओर झाँक रहा है। अटलजी आज सक्रिय राजनीति में तो नहीं है लेकिन कहते है कि व्यक्ति का अस्तित्व हमेंशा सार्थक रहता है। उम्मीद की जानी चाहिए की अटलजी के प्रयासों को फिर से रोशनी दी जाए। और सुनिश्चित किया जाएँ कि हम इस देश के लोकतंत्र के भविष्य को आज ही सुरक्षित कर ले।

विश्व मंच पर अटलजी

धूल और धुएँ की बस्ती में पले एक साधारण अध्यापक के पुत्र श्री अटलबिहारी वाजपेयी दुनिया के सबसे बड़े लोकतंत्र के प्रधानमंत्री बने। अपनी प्रतिभा, नेतृत्व क्षमता और लोकप्रियता के कारण वे चार दशकों से भी अधिक समय से भारतीय संसद के सांसद रहे।

उनमें मर्यादा पुरुषोत्तम श्रीराम की संकल्पशक्ति, भगवान श्रीकृष्ण की राजनीतिक कुशलता और आचार्य चाणक्य की निश्चयात्मिका बुद्धि है। वे अपने जीवन का क्षण-क्षण और शरीर का कण-कण राष्ट्रसेवा के यज्ञ में अर्पित कर रहे हैं। उनका तो उद्घोष है - हम जिएँगे तो देश के लिए, मरेंगे तो देश के लिए। इस पावन धरती का कंकर-कंकर शंकर है, बिन्दु-बिन्दु गंगाजल है। भारत के लिए हँसते-हँसते प्राण न्योछावर करने में गौरव और गर्व का अनुभव करूँगा।

प्रधानमंत्री अटलजी ने पोखरण में अणु-परीक्षण करके संसार को भारत की शक्ति का एहसास करा दिया। कारगिल युद्ध में पाकिस्तान के छक्के छुड़ाने वाले तथा उसे पराजित करने वाले भारतीय सैनिकों का मनोबल बढ़ाने के लिए अटलजी अग्रिम चौकी तक गए थे। उन्होंने अपने एक भाषण में कहा था - वीर जवानो! हमें आपकी वीरता पर गर्व है। आप भारत माता के सच्चे सपूत हैं। पूरा देश आपके साथ है। हर भारतीय आपका आभारी है।

अटलजी के भाषणों का ऐसा जादू है कि लोग उन्हें सुनते ही रहना चाहते हैं। उनके व्याख्यानों की प्रशंसा संसद में उनके विरोधी भी करते थे। उनके अकाट्य तर्कों का सभी लोहा मानते हैं। उनकी वाणी सदैव विवेक और संयम का ध्यान रखती है। बारीक से बारीक बात वे हँसी की फुलझड़ियों के बीच कह देते हैं। उनकी कविता उनके भाषणों में छन-छनकर आती रहती है।

अटलजी का कवि रूप भी शिखर को स्पर्श करता है। सन् 1939 से लेकर अद्यावधि उनकी रचनाएँ अपनी ताजगी के साथ टाटक सामग्री परोसती आ रही हैं। उनका कवि युगानुकूल काव्य-रचना करता आ रहा है। वे एक साथ छंदकार, गीतकार, छंदमुक्त रचनाकार तथा व्यंग्यकार हैं।

यद्यपि उनकी कविताओं का प्रधान स्वर राष्ट्रप्रेम का है तथापि उन्होंने सामाजिक तथा वैचारिक विषयों पर भी रचनाएँ की हैं। प्रकृति की छबीली छटा पर तो वे ऐसा मुग्ध होते हैं कि सुध-बुध खो बैठते हैं। हिंदी के वरिष्ठ समीक्षकों ने भी उनकी विचार-प्रधान नई कविताओं की सराहना की है।

कवि और पत्रकार अटलजी सक्रिय राजनीति में आ गए। सन 1955 में श्रीमती विजयलक्ष्मी पंडित ने लोकसभा की सदस्यता से त्यागपत्र दे दिया। वे लखनऊ से सांसद थीं। चुनाव की तिथि घोषित हुई। अटलजी जनसंघ के प्रत्याशी के रूप में चुनाव मैदान में कूद पड़े, किंतु साधनहीनता के कारण वे विजयी न हो सके। इससे उनके उत्साह में कमी नहीं आई, क्योंकि उनके चुनाव भाषणों में श्रोताओं, विशेषकर युवकों की भीड़ अधिक रहती थी।

सन् 1957 में द्वितीय आम चुनाव हुए। अटलजी बलरामपुर से संसद के लिए जनसंघ के प्रत्याशी थे। इस चुनाव में हिंदू मतदाताओं के साथ मुसलमान मतदाताओं ने भी उन्हें अपना मत दिया। उनकी सभाओं की भीड़ देखकर विरोधी दलों के छक्के छूटने लगे। प्रतिद्वंद्वी दलों का एक न एक राष्ट्रीय नेता अटलजी को पराजित करने के लिए वहाँ चुनाव सभा करता रहा किंतु विजयश्री ने अटलजी का ही वरण किया। अपनी विजय पर उन्होंने अपार जनसमूह की सभा में कहा था - यह विजय मेंरी नहीं, यह बलरामपुर क्षेत्र के समस्त नागरिकों की है। आपने मुझे प्यार-दुलार दिया। मैं वचन देता हूँ कि एक सांसद के रूप में इस क्षेत्र की सेवा एक राष्ट्रभक्त सेवक के रूप में करूँगा। ऐसा ही किया भी उन्होंने। धोती, कुर्ता और सदरी पहने, भरे-भरे गोल चेहरे वाले गौरवर्णी अटलजी संसद में अपना प्रथम भाषण देने जब उठे तो उस ठवनि से युवा मृगराज भी लजा जाता। सभी दृष्टियाँ उन पर टिक गईं। लोग हिंदी में उन्हें नहीं सुनना चाहते थे किंतु वे क्यों मानते। उन्होंने तो राष्ट्रभाषा की सेवा का व्रत ही ले रखा था। उनका संबोधन हिन्दी में सुनकर अनेक सांसद उठकर बाहर चले गए। पर अटलजी अबाध रूप से बोलते रहे। ये दिन उनके धैर्य और संयम के थे। उन्होंने हिन्दी के अलावा अँगरेजी में न बोलने का दृढ़ संकल्प ले लिया था। एक दिन ऐसा आया कि संसद सदस्यों ने उनकी भाषण-शैली और तथ्य प्रस्तुति कला की प्रशंसा करना शुरू कर दिया। और उसके बाद जब तक अटलजी संसद में रहे, उनके भाषण सुनने के लिए सांसद दौड़-दौड़कर संसद में कक्ष में पहुँच जाते। वे एक सर्वमान्य सर्वश्रेष्ठ सांसद रहे जिनके भाषण के समय न कोई टोका-टाकी होती और न ही कोई शोरशराबा। उस समय पत्रकार दीर्घा भी खचाखच भरी रहती।

1957 से 1962 दूसरी लोकसभा (बलरामपुर), 1962 से 1967 राज्यसभा (उत्तरप्रदेश), 1967 से 1971 चौथी लोकसभा (बलरामपुर), 1972 से 1977 पाँचवी लोकसभा (ग्वालियर), 1977 से 1979 छठी लोकसभा (नई दिल्ली), 1979 से 1984 सातवीं लोकसभा (नई दिल्ली), 1986 से 1991 राज्यसभा (मध्यप्रदेश), 1991 से लेकर वर्ष 2004 तक के लोकसभा चुनाव लखनऊ से लड़ते और जीतते रहे। इसके बाद उन्होंने स्वास्थ्य कारणों से सक्रिय राजनीति से संन्यास ले लिया।

6 अप्रैल 1980 का दिन अटलजी के जीवन में विशेष महत्वपूर्ण रहा। इसी दिन बंबई में भारतीय जनता पार्टी का जन्म हुआ और अटलजी उसके राष्ट्रीय अध्यक्ष बनाए गए। इस महाधिवेशन में आपका जो भव्य स्वागत किया गया वह ऐतिहासिक था। शोभायात्रा में देश के कोने-कोने से आए पच्चीस हजार से अधिक लोगों ने अपने जननायक को अभूतपूर्व सम्मान प्रदान किया।

25 जनवरी, 1992 को उन्हें पद्मविभूषण से अलंकृत किया गया। 28 सितंबर, 1992 को उन्होंने उत्तरप्रदेश हिंदी संस्थान ने हिंदी गौरव के सम्मान से सम्मानित किया। 20 अप्रैल 1993 को उन्हें कानपुर विश्वविद्यालय ने मानद डी. लिट. की उपाधि प्रदान की। 1 अगस्त 1994 को वाजपेयी को लोकमान्य तिलक सम्मान पारितोषिक प्रदान किया गया जो उनके सेवाभावी, स्वार्थत्यागी तथा समर्पणशील सार्वजनिक जीवन के लिए था। 17 अगस्त, 1994 को संसद ने उन्हें सर्वसम्मति से सर्वश्रेष्ठ सांसद का सम्मान दिया।

1. मृत्यु या हत्या 2. अमर बलिदान 3. कैदी कविराय की कुंडलियाँ 4. न्यू डाइमेंसन ऑफ फॉरेन पॉलिसीज 5. लोकसभा में अटलजी 6. अमर आग है 7. मेंरी इक्यावन कविताएँ 8. कुछ लेख, कुछ भाषण 9. राजनीति की रपटीली राहें 10. बिन्दु-बिन्दु विचार 11. सेक्युलरवाद 12. मेंरी संसदीय यात्रा 13. सुवासित पुष्प 14. संकल्प काल 15. विचार बिंदु 16. शक्ति से शांति 17. न दैन्यं न पलायनम् 18. अटलजी की अमेंरिका यात्रा 19. नई चुनौती : नया अवसर।

अटलजी के लेख और कविताएँ राष्ट्र धर्म, पांचजन्य, नई कमल ज्योति, धर्मयुग, कादम्बिनी, नवनीत आदि में प्रकाशित हुए हैं।

अटलजी 11वीं लोकसभा में लखनऊ से सांसद के रूप में विजयी हुए और भारतीय लोकतंत्र के प्रधानमंत्री बने। राष्ट्रपति महोदय ने उन्हें 16 मई, 1996 को प्रधानमंत्री पद की शपथ दिलाई, किंतु उन्होंने विपरीत परिस्थितियों के कारण 28 मई, 1996 को स्वयं त्यागपत्र दे दिया।

सन् 1998 के चुनावों में भी भारतीय जनता पार्टी लोकसभा में सबसे बड़ी पार्टी के रूप में उभरी। चुनावों के पूर्व उसने देश की अन्य कई पार्टियों के साथ मिलकर चुनाव लड़े थे। भाजपा और उसकी सहयोगी पार्टियों को राष्ट्रपति महोदय ने सरकार बनाने के लिए उपयुक्त पाया और अटलजी को सरकार बनाने का निमंत्रण दिया। अटलजी ने 19 मार्च 1998 को दूसरी बार प्रधानमंत्री पद की शपथ ली।

13 अक्टूबर 1999 को अटलजी ने तीसरी बार देश के प्रधानमंत्री पद की शपथ ली और इस सरकार ने अपना पाँच वर्षों का कार्यकाल पूरा किया।

भारतीय परमाणु परीक्षण

भारतीय परमाणु आयोग ने पोखरण में अपना पहला भूमिगत परिक्षण 18 मई 1974 को किया था। हालांकि उस समय भारत सरकार ने घोषणा की थी कि भारत का परमाणु कार्यक्रम शांतिपूर्ण कार्यों के लिये होगा और यह परीक्षण भारत को ऊर्जा

के क्षेत्र में आत्मनिर्भर बनाने के लिये किया गया है। बाद में 11 और 13 मई 1998 को पाँच और भूमिगत परमाणु परीक्षण किये और भारत ने स्वयं को परमाणु शक्ति संपन्न देश घोषित कर दिया। इस परीक्षण के प्रतिक्रिया स्वरुप पाकिस्तान ने भी इसके तुरंत बाद 28 मई, 1998 को परमाणु परीक्षण किये। पाकिस्तान को स्वयं को परमाणु शक्ति से संपन्न राष्ट्र घोषित करने के बाद उस समय निंदा झेलनी पड़ी जब पाकिस्तान के परमाणु वैज्ञानिक अब्दुल कादिर खान जो पाकिस्तानी परमाणु कार्यक्रम के जनक माने जाते हैं, पर चोरी छुपे परमाणु तकनीक लीबिया, ईरान और उत्तर कोरिया को बेचने का पर्दाफाश हुआ।

भारत में परमाणु परीक्षण

भारत में 11 व 13 मई 98 को बुद्ध-स्थल पर राजस्थान के पोखरण में दो तीन परमाणु विस्फोट होने से सारे विश्व में तहलका मच गया था। अब भारत भी परमाणु शक्तियों में संपन्न है। परीक्षण के इन धमाकों से सारा संसार चकित रह गया। परीक्षण स्थल के आस-पास के मकानों में भी दरारें पड़ गई। किंतू राष्ट्र के इस महान उपलब्धि के सामने लोगों को अपने घरों के टूटने से इतनी चिंता नहीं हुई जितनी प्रसन्नता इस महान सफलता से हुई। प्रधानमंत्री अटल बिहारी वाजपेयी 20 मई को बुद्ध-स्थल पहुँचे। वहीं प्रधानमंत्री ने देश को एक नया नारा दिया। जय जवान-जय किसान-जय विज्ञान। सभी देशवासी प्रधानमंत्री के साथ-साथ गर्व से भर उठे। इन परीक्षणों का असर परमाणु संपन्न देशों पर बहुत अधिक हुआ। अमरीका, रूस, फ्रांस, जापान और चीन आदि देशों ने भारत को आर्थिक सहायता न देने की धमकी भी दी। किन्तु भारत इन धमकियों के सामने नहीं झुका।

इन परीक्षण का मुख्य उद्देश्य

इन परीक्षणों को करने का मुख्य उद्देश्य विश्व को यह बता देना था कि पड़ोसी देशों की सामरिक योग्यता का वे मुँह तोड़ उत्तर देने में समर्थ थे। अपनी सुरक्षा और बचाव करने के लिए वे आत्म-निर्भर थे। भारत में इन परीक्षणों का विरोध करने वाले विकसित देश यह भूल गये थे कि भारत में 1947 में एक और 1998 में पाँच परमाणु परीक्षण हुए थे। जब कि इसके पहले पूरे विश्व में 2052 परमाणु परीक्षण किये जा चुके थे। इनमें से अमरीका ने सबसे अधिक से परीक्षण 1945 से अब तक 1032 किये है। इस के अतिरिक्त सोवियत संघ रूस ने 715, फ्रांस ने 210, ब्रिटेन ने 457 और चीन ने 44 परमाणु परीक्षण किये है। पाकिस्तान और इजराइल के बारे में प्रायः

कहा जाता है कि वे भी परमाणु परीक्षण की क्षमता रखते हैं और कभी भी उनकी ओर से परमाणु परीक्षण का समाचार मिल सकता है।

भारत के पाँच परमाणु परीक्षण

भारत के कुल पांच मुख्य परमाणु परीक्षण हैं। उनको मुख्य रूप से चार श्रेणियों में बाँटा जा सकता है। ये चार तरह के परमाणु परीक्षण किये है–(1) विखण्डनीय बम या फिशन डिवाइस बमः यह परमाणु बम बनाये जाने के लिए किया गया सामान्य परीक्षण था जिसकी क्षमता सन 1974 में किये गये परीक्षण के समान अर्थात 15 किलो टन थी। (2) कम क्षमता वाला विस्फोट या लो यील्ट डिवाइसः इसकी क्षमता 10 किलो टन से नीचे अर्थात इकाई किलो टन क्षमता तक ही सीमित मानते हैं। इस परीक्षण का एक उद्देश्य इसे आंकडे प्राप्त करना था जिस से आगे जाकर प्रयोगशाला में कम्प्यूटर आधारित परीक्षण किये जा सकें। (3) हाइड्रोजन बम परीक्षण या थर्मो न्यूकिलयर डिवाइसः इसे आज सुपर बम भी कहा जाता है। इसकी विनाशक क्षमता सामान्य परमाणु बम की तुलना में सौ से हजार गुणा तक अधिक है। परमाणु बम की विस्फोटक क्षमता को किलो टन में मापते है जबकि हाइड्रोजन बम की क्षमता को मेगावाट में नापते है। (4) सब किलो टन परीक्षण भारत में 13 मई को पुनः दो परीक्षण किये गये। ये परीक्षण सब किलोटन या एक किलोटन से कम क्षमता वाले थे। इस परीक्षण के बाद यह दावा किया गया है कि इनसे भारत में कम्प्यूटर आनुकरण एव प्रयोगशालाओं में किये जाने वाले अपक्रान्तिक परीक्षण की क्षमता प्राप्त कर ली है।

परमाणु हथियारों का विनाश असम्भव

आज विश्व में लगभग 60 हजार परमाणु हथियार हैं जिनको नष्ट करने में कम से कम 20 से 25 वर्ष लगेंगे। निरस्त्रीकरण के फलस्वरुप केवल 10 हजार परमाणु हथियार ही नष्ट हो सके। इस से स्प्ष्ट है कि परमाणु हथियारों का खतरा तो बना ही रहेगा। इसलिए भारत ने अपनी आत्मरक्षा के लिए यह प्रयास किया है।

लेखन के क्षेत्र में योगदान

राष्ट्रीय क्षितिज पर स्वच्छ छवि के साथ अजातशत्रु कहे जाने वाले कवि एवं पत्रकार, सरस्वति पुत्र अटल बिहारी वाजपेयी, एक व्यक्ति का नाम नहीं है वरन् वो

तो राष्ट्रीय विचारधारा का नाम है। राष्ट्रहित एवं राष्ट्रभाषा हिन्दी के प्रबल पक्षधर अटलजी राजनेताओं में नैतिकता के प्रतीक हैं।

निर्विवाद सत्य है, कि अटलजी नैतिकता का पर्याय हैं। पहले कवि और साहित्कार तद्रपश्चात राजनीतिज्ञ हैं। उनकी इंसानियत कवि मन की कायल है। नैतिकता को सर्वोपरि मानने वाले अटलजी कहते हैं कि–

छोटे मन से कोई बड़ा नही होता,
टूटे मन से कोई खड़ा नही होता।
मन हारकर मैदान नही जीते जाते,
न मैदान जीतने से मन ही जीता जाता है।

अटलजी एक सच्चे इंसान और लोकप्रिय जननायक हैं। 'वसुधैव कुटुम्बकम' की भावना से परिपूर्ण, सत्यम-शिवम्-सुन्दरम् के पक्षधर अटलजी का सक्रिय राजनीति में पदार्पण 1955 में हुआ था। जबकि वे देशप्रेम की अलख को जागृत करते हुए 1942 में ही जेल गए थे। 'सादा जीवन उच्च विचार' वाले अटलजी अपनी सत्यनिष्ठा एवं नैतिकता की वजह से अपने विरोधियों में भी अत्यन्त लोकप्रिय रहे हैं। 1994 में उन्हे 'सर्वश्रेष्ठ सांसद' एवं 1998 में 'सबसे ईमानदार व्यक्ति' के रूप में सम्मानित किया गया है।

1992 में "पद्मविभूषण" जैसी बड़ी उपाधी से अलंकृत अटलजी को 1992 में ही 'हिन्दी गौरव' के सम्मान से सम्मानित किया गया है। अटलजी ही पहले विदेशमंत्री थे जिन्होंने संयुक्त राष्ट्रसंघ में हिन्दी में भाषण देकर भारत को गौरवान्वित किया था और राष्ट्रीय भाषा हिन्दी का मान बढ़ाया। अटलजी अपनी कविता के माध्यम से कहते हैं,

गूँजी हिन्दी विश्व में,
स्वपन हुआ साकार।
राष्ट्रसंघ के मंच से,
हिन्दी का जयकार।
हिन्दी का जयकार,
हिन्द हिन्दी में बोला।
देख स्वभाषा प्रेम,
विश्व अचरज से डोला।

वे भारतीय जनसंघ की स्थापना करने वालों में से एक हैं और 1968 से 1973 तक उसके अध्यक्ष भी रहे। उन्होंने अपना जीवन राष्ट्रीय स्वयंसेवक संघ के प्रचारक

के रूप में आजीवन अविवाहित रहने का संकल्प लेकर प्रारम्भ किया था और उस संकल्प को पूरी निष्ठा से आज तक निभाया।

सन् 1955 में उन्होंने पहली बार लोकसभा चुनाव लड़ा, परन्तु सफलता नहीं मिली। लेकिन उन्होंने हिम्मत नहीं हारी और सन् 1957 में बलरामपुर (उत्तर प्रदेश) से जनसंघ के प्रत्याशी के रूप में विजयी होकर लोकसभा में पहुँचे। सन् 1957 से 1977 तक जनता पार्टी की स्थापना तक वे बीस वर्ष तक लगातार जनसंघ के संसदीय दल के नेता रहे। मोरारजी देसाई की सरकार में सन् 1977 से 1979 तक विदेशमन्त्री रहे और विदेशों में भारत की छवि को निखारा। लोकतन्त्र के सजग प्रहरी अटल बिहारी वाजपेयी ने सन् 1997 में प्रधानमन्त्री के रूप में देश की बागडोर संभाली। 19 अप्रैल, 1998 को पुनः प्रधानमन्त्री पद की शपथ ली और उनके नेतृत्व में 13 दलों की गठबन्धन सरकार ने पाँच वर्षों में देश के अन्दर प्रगति के अनेक आयाम छुए। वाजपेयी राष्ट्रीय जनतांत्रिक गठबंधन सरकार के पहले प्रधानमन्त्री थे जिन्होने गैर काँग्रेसी प्रधानमन्त्री पद के 5 साल बिना किसी समस्या के पूरे किए।

उन्होंने 24 दलों के गठबंधन से सरकार बनाई थी जिसमें 81 मन्त्री थे। कभी किसी दल ने आनाकानी नहीं की। इससे उनकी नेतृत्व क्षमता का पता चलता है। वर्तमान युग में 'भगवद्गीता' की पंक्तियों का अनुसरण करके चल रहे हैं-कर्मण्यवाधिकारस्ते माँ फलेषु कदाचनः

परमाणु शक्ति सम्पन्न देशों की संभावित नाराजगी से विचलित हुए बिना उन्होंने अग्नि-दो और परमाणु परीक्षण कर देश की सुरक्षा के लिये साहसी कदम भी उठाये। सन् 1998 में राजस्थान के पोखरण में भारत का द्वितीय परमाणु परीक्षण किया जिसे अमेंरिका की सी0आई0ए0 को भनक तक नहीं लगने दी।

अटलजी नेहरू युगीन संसदीय गरिमा के स्तंभ हैं। आज अटलजी करोड़ों लोगों के लिए विश्वसनियता तथा सहिष्णुता के प्रतीक हैं। जननायक अटलजी का उदार मन, आज की गला काट संस्कृति से परे सदैव यही कामना करता है कि–

मेंरे प्रभु,
मुझे कभी इतनी ऊँचाई मत देना,
गैरों को गले न लगा सकुँ
इतनी रुखाई कभी मत देना।

आत्मियता की भावना से ओत-प्रोत, विज्ञान की भी जय जयकार करने वाले, लोकतंत्र के सजग प्रहरी, राजनीति के मसीहा अटलजी को ईश्वर स्वस्थ दीर्घायु प्रदान

करें यही प्रार्थना करते हैं और 25 दिसंबर को आने वाले उनके अगले जन्मदिन पर उनका अभिन्नदन एवं वंदन करते हैं।

मेंरी इक्यावन कविताएँ

मेंरी इक्यावन कविताएँ कवि व राजनेता अटल बिहारी वाजपेयी का बहुचर्चित काव्य-संग्रह है जिसका लोकार्पण 13 अक्टूबर 1995 को नई दिल्ली में भारत के पूर्व प्रधानमन्त्री पी. वी. नरसिंहराव ने सुप्रसिद्ध कवि शिवमंगल सिंह सुमन की उपस्थिति में किया था। कविताओं का चयन व सम्पादन डॉ. चन्द्रिकाप्रसाद शर्मा ने किया है।

पुस्तक के नाम के अनुसार इसमें अटलजी की इक्यावन कविताएँ संकलित हैं जिनमें उनके बहुआयामी व्यक्तित्व के दर्शन होते हैं। बानगी के तौर पर यहाँ इस पुस्तक की कुछ कविताएँ भी दे दी गयीं हैं।

पुस्तक के अध्याय

इस पुस्तक में कविताओं को कुल चार भागों में बाँटा गया है। (1) अनुभूति के स्वर, (2) राष्ट्रीयता के स्वर, (3) चुनौती के स्वर और (4) विविध स्वर।

दूध में दरार पड़ गई,
दूध में दरार पड़ गई।
खून क्यों सफेद हो गया?
भेद में अभेद खो गया।
बँट गये शहीद, गीत कट गए,
कलेजे में कटार गड़ गई।
दूध में दरार पड़ गई।
खेतों में बारूदी गंध,
टूट गए नानक के छन्द
सतलुज सहम उठी,
व्यथित सी बितस्ता है,
वसंत से बहार झड़ गई।
दूध में दरार पड़ गई।
अपनी ही छाया से बैर,
गले लगने लगे हैं गैर,
खुदकुशी का रास्ता,

तुम्हें वतन का वास्ताय
बात बनाएँ, बिगड़ गई।
दूध में दरार पड़ गई।
झुक नहीं सकते
टूट सकते हैं मगर हम झुक नहीं सकते।
सत्य का संघर्ष सत्ता से,
न्याय लड़ता निरंकुशता से,
अँधेरे ने दी चुनौती है,
किरण अन्तिम अस्त होती है।
दीप निष्ठा का लिए निष्कम्प
वज्र टूटे या उठे भूकम्प,
यह बराबर का नहीं है युद्ध,
हम निहत्थे, शत्रु हैं सन्नद्ध,
हर तरह के शस्त्र से है सज्ज,
और पशुबल हो उठा निर्लज्ज।
किन्तु फिर भी जूझने का प्रण,
पुनः अंगद ने बढ़ाया चरण,
प्राण-पण से करेंगे प्रतिकार,
समर्पण की माँग अस्वीकार।
दाँव पर सब कुछ लगा है, रुक नहीं सकते,
टूट सकते हैं मगर हम झुक नहीं सकते।
(सन् 1975 में आपातकाल के दिनों कारागार में लिखित रचना)

परिशिष्ट

परिशिष्ट के अन्तर्गत कवि-परिचय, काव्य-वैभव, शिल्प-सौन्दर्य के अतिरिक्त कवि से एक साक्षात्कार भी दिया गया है। पुस्तक के फ्लैप पर आचार्य विष्णुकान्त शास्त्री की संक्षिप्त टिप्पणी भी अंकित है।

काव्य-मीमांसा

अटलजी की इस पुस्तक की काव्य-मीमांसा समीक्षा-गीत के रूप में मदनलाल वर्मा क्रान्त ने लिखी है जिसमें प्रत्येक कविता के शीर्षक का प्रयोग करते हुए बहुत ही सटीक विश्लेषण प्रस्तुत किया गया है।

सफल वक्ता

राजनीति के गलियारे में भूतपूर्व प्रधानमंत्री श्री अटल बिहारी वाजपेयी जी का ओजस्वी भाषण और गम्भीर लेखन अपना एक विशेष स्थान रखता है। उनकी एक आवाज पर सभी कार्यकर्ता एक जुट होकर देशहित के लिये कार्य करने के लिये तद्पर रहते थे। उनके भाषण किसी चुम्बक के समान हैं, जिसको सुनने के लिये लोगों का हुजूम बरबस ही उनकी तरफ खिंचा आता था। विरोधी पक्ष भी अटलजी के धारा प्रवाह और तेजस्वी भाषण का कायल रहा है। अटलजी के भाषण, शालीनता और शब्दों की गरिमा का अद्भुत मिश्रण है। उनकी वाणी में ऐसी मोहनी है कि, लोग उनका प्रसन्नता पूवर्क अनुगमन करने लगते हैं। जब सदन में अंग्रेजी छायी रहती थी तब आदरणीय अटलजी की धारा प्रवाह प्रांजल भाषा सबको पसंद आती थी। जब अटलजी बोलते थे तो नेहरु जी भी उनके भाषण को बहुत ध्यान से सुनते थे। अटलजी हमेंशा से ही सबके पसंदीदा राजनेता रहे हैं। उनका मजेदार अंदाज और बेदाग छवी सभी को पसंद आई है। संसद अंदर हों या बाहर अटलजी कई बार अपने मजेदार अंदाज में नजर आए।

कश्मीर मुद्दे को वाजपेयी ने ओजस्वी भाषण देकर उठाया। तत्कालीन प्रधानमंत्री पं. जवाहर लाल नेहरू इससे खासे प्रभावित हुए और कहा कि एक दिन वाजपेयी जरूर प्रधानमंत्री बनेंगे। 1996 में ये सच साबित हुई।

प्रारंभ से ही अटलजी के भाषण की सभी सांसद प्रशंसा करते थे। अटलजी के भाषणों में विद्यमान काव्यात्मक शैली और तर्कपूर्ण विवेचन ने सभी को आकृष्ट किया है । यह लेख अटलजी के कुछ ऐसे ही प्रभावशील भाषणों के मनकों को एक माला में पिरोने का प्रयास है।

भारत और नेपाल के बीच उत्पन्न मनोमानिल्य को दूर करते हुए अटलजी ने अपने भाषण में संवेदना पूर्ण स्वर में कहा था कि,

'दुनिया में कोई देश इतना निकट नही हो सकते जितने की भारत और नेपाल हैं। इतिहास ने, भूगोल ने, संस्कृति ने, धर्म ने, नदियों ने हमें आपस में बाँधा है।'

सांसद के रूप में अटलजी आरंभ से ही अपने भाषणों की तैयारी बड़ी गंभीरता के साथ करते थे। उन्होने सदन में कभी भी एक शब्द अनर्गल नही कहा। 23 मार्च 1992 को लोकसभा में उनके विचार पूर्ण और तर्क संगत भाषण को देश के सभी हिस्सों में सराहा गया। बेरोजगारी का जिक्र करते हुए अटलजी ने कहा कि, बढ़ती हुई बेरोजगारी का क्या होगा, रोजगार देने में छोटे उद्योग अहम भूमिका अदा करते

हैं किन्तु वे भी बीमार हो रहे हैं। लाखों छोटे उद्योग बंद हैं। कोई उनकी चिंता करने वाला नही है। उसमें कई लोगों की पुँजी फंसी है और उसमें काम करने वालों को दूसरी जगह रोजगार नही मिल रहा।

डॉ.राजेन्द्र प्रसाद व्याख्यान माला के अन्तर्गत, आकाशवाणी द्वारा आयोजित 2 और 3 दिसंबर को अटलजी द्वारा दिये एक लंबे वक्तव्य में धर्म और रिलिजन के संबन्ध में अटलजी ने अपनी महत्वपूर्ण राय रखी थी। जो की आज के परिपेक्ष्य में अति प्रासंगिक है। अटलजी ने कहा था कि, यद्यपि धर्म का अर्थ बहुधा वही समझा जाता है जो, रिलिजन का मतलब है परंतु वास्तव में धर्म का अर्थ भारतीय चिंतन में अधिक व्यापक और अनेक अर्थों में हुआ है। धर्म शब्द के मूल में धातु का संबंध धारण करने से है। अतः यह कहा जा सकता है कि, जो जिसका वास्तविक रूप है उसे बनाये रखने और उस पर बल देने में जो सहायक हो वही उसका धर्म है। धर्म और रिलिजन के अंतर को हमें समझना चाहिये। रिलिजन का संबंध कुछ निश्चित आस्थाओं से होता है, जब तक व्यक्ति उनको मानता है, वह उस रिलिजन, उस मजहब का सदस्य बना रहता है। जैसे ही वह उन आस्थाओं को छोड़ता है, वह उस रिलिजन से बहिष्कृत हो जाता है। धर्म केवल आस्थाओं पर आधारित नही है। किसी धार्मिक आस्था में विश्वास न रखने वाला व्यक्ति भी धार्मिक अर्थात सदगुंणी हो सकता है।

धर्म वस्तुतः जीने का एक तरीका है। यह आस्थाओं से अधिक जीने की प्रक्रिया पर आधारित है। धर्म के साथ विशेषण जोड़ने की परिपाटी नहीं है। धर्म न देश से बँधा है न काल से और न वे किसी सम्प्रदाय विशेष से जुड़ा है। धर्म जब किसी सम्प्रदाय विशेष से जुड़ता है तब वह रिलिजन का रूप ग्रहण कर लेता है। धर्म जब संस्थागत धर्म बन जाता है तब वह रिलिजन(Religion) हो जाता है। शत्पल ब्राह्मण में कहा गया है कि, धर्म शासक का भी शासक है तथा धर्म में प्रभु सत्ता निहित है। महाभारत में भी इसका प्रमाण मिलता है कि, शासक धर्म के अधीन रहता है।

अटलजी को 17 अगस्त 1994 को वर्ष के सर्वश्रेष्ठ सांसद के सम्मान से सम्मानित किया गया। उस अवसर पर अटलजी ने अपने भाषण में कहा था कि, “मैं अपनी सीमाओं से परिचित हूँ, मुझे अपनी कमियों का एहसास है। निर्णायकों ने अवश्य ही मेंरी न्यूनताओं को नजर अंदाज करके मुझे निर्वाचित किया है। सद्भाव में अभाव दिखाई नही देता। यह देश बड़ा अद्भुत है और अनूठा है। किसी भी पत्थर को सिंन्दूर लगाकर अभिवादन किया जा सकता है, अभिनंदन किया जा सकता है।

लोकतंत्र 51 और 49 का खेल नही है, लोकतंत्र मूल रूप से एक नैतिक व्यवस्था है। संविधान और कानून सबका अपना महत्व है लेकिन लोकतंत्र एक ढाँचा मात्र बनकर रह जाए, एक कर्मकांड में बदल जाये, उसकी प्राण शक्ति घटती जाये तो वहाँ कठिनाई पैदा हो जाती है। उस प्राण शक्ति को घटने न देना, हम सबकी जिम्मेंदारी है। मैं आप सबको हृदय से धन्यवाद देता हुँ। मैं प्रयत्न करुंगा कि इस सम्मान के लायक अपने आचरण को बनाये रख सकूं। जब कभी मेरे पैर डगमगायें तब ये सम्मान मुझे चेतावनी देता रहे कि इस रास्ते पर डांवाडोल होने की गलती नही कर सकते। बहुत-बहुत धन्यवाद।

अटलजी लोकतंत्र के प्रहरी हैं जब कभी लोकतंत्र की मर्यादा पर आँच आई तो अटलजी ने उसका डंटकर मुकाबला किया। लोकतंत्र के विषय में उनके विचार स्पष्ट है। वे कहते हैं, भारत संसार का सबसे बड़ा लोकतंत्र है 1975 और 1976 के छोटे से कालखंड को छोड़कर लोकतंत्र की व्यवस्था अक्षुण रही। बालिग मताधिकार, निष्पक्ष चुनाव, स्वतंत्र न्यायपालिक, बहुदलिय पद्धति तथा स्वतंत्र प्रेस हमारे लोकतंत्र के आधार हैं। यहाँ लोग चुनाव के माध्यम से सरकार बदलते हैं।

लखनऊ संसदीय क्षेत्र के महुना ग्रामीण अंचल में एक विशाल जनसभा को सम्बोधित करते हुए अटलजी ने कहा था कि,

"हमारे देश में गाँव उपेक्षित है। उनकी फिक्र करने वाले दिल्ली नही छोड़ते वहीं बैठे-बैठे सिर्फ चिन्ता करते हैं। गाँव में यदि कुँए न हों तो लोग प्यास से मर जाएं। हमारे यहाँ कुएँ भगवान हैं। मैने अपने क्षेत्र में हैडपंप लगवाए, पर पता चला कि वे गरमी में पानी नही देते। अपने मजाकिया अंदाज में अटलजी कहते हैं कि, लोग कहते हैं कि ये अटलजी के हैंडपंप हैं। अटलजी ने कहा कि, अधिकारियों और ठेकेदारों के बीच सांठ-गाँठ हो गई, घोटाला हुआ, जहाँ देखो वहाँ घोटाला ही घोटाला। ये देश घोटालों में पूरी तरह से डूबा हुआ है। जनता के प्रतिनिधी जनता का कुछ भी ध्यान नही रखते। वे केवल अपने और अपने परिवार तक ही सिमित हो गये हैं।"

अपने भाषणों के सम्बंध में अटलजी कहते हैं कि मेंरे भाषणों में मेंरा लेखक मन बोलता है लेकिन राजनेता भी चुप नही रहता। राजनेता लेखक के समक्ष अपने विचार रखता है और लेखक पुनः उन विचारों को पैनी अभिव्यक्ति देने का प्रयास करता है। मै तो मानता हूँ कि मेंरे राजनेता और मेंरे लेखक का परस्पर सम्मनव्यय ही मेंरे भाषण में दिखाई देता है। मेंरा लेखक राजनेता को मर्यादा का उल्लंघन नही करने देता। अटलजी सदैव दल से ऊपर उठकर

देशहित के बारे में सोचते, लिखते और बोलते हैं। पहली बार प्रधानमंत्री बनने पर जब अटलजी जब अपने संसदीय क्षेत्र लखनऊ गये तो वहाँ की जनता को सम्बोधित करते हुए उन्होने कहा था कि,

"कोई अपने घर में मेंहमान नही होता, चुनाव में मै आपका उम्मीदवार था। आप लोगों ने मुझे सेवा का अवसर दिया, आप लोगों के प्रति आभार प्रकट करने के लिये मैं यहाँ आया हुँ। आप लोगों ने मुझे एम. पी बनाया और दिल्ली पहुँचकर पी. एम बन गया। लखनऊ से मेंरा बहुत पुराना नाता है। मैं 1946 में यहाँ एक मासिक पत्रिका के सम्पादक के रूप में आया था। मैं चाहता था कि उन पुरानी गलियों में फिर से जाऊँ किन्तु सुरक्षा कारणों से ऐसा नही हो सकता। हम एकता में विश्वास करते हैं, एक रूपता में नही। हमारा देश दुनिया में अनूठा है। भाईचारे की अद्‌भुत मिसाल वाला ये देश अनूठा बना रहेगा। कोई हमें सेक्यूलरवाद पढ़ाये इसकी हमें जरुरत नही। सेक्यूलरवाद तो हमारी सांस-सांस में है। यहाँ सभी को अपने मजहब के अनुसार पूजा अर्चना का सवैधानिक अधिकार है। हम देश को सर्वधर्म समभाव की दिशा में लेकर चलें। हमें राष्ट्र निर्माण का अवसर मिला है, देश की जनता पर हमें भरोसा है। हम आश्वासन देते हैं कि हमारे प्रयत्नों में कोई कमी न होगी। सबको मिलकर राष्ट्र निर्माण का काम करना होगा। राजनीति से ऊपर उठकर सबको लगना होगा। आपने स्वागत करके मुझे और अधिक कार्यरत करने की क्षमता प्रदान की है। आप सबके स्नेह और सहयोग के लिये धन्यवाद।"

आदरणीय अटलजी के और भी कई महत्वपूर्ण भाषण हैं परंतु आज की माला भारत के गुणगान के साथ पूर्ण करते हैं। अटलजी को अपने भारत पर बहुत गर्व है एक अवसर पर उन्होने कहा था कि,

"भारत जमीन का टुकड़ा नही है, जीता-जागता राष्ट्र पुरुष है। हिमालय इसका मस्तक है, गौरी शंकर शिखा है। कश्मीर किरिट है, पंजाब और बंगाल दो विशाल कंधे हैं। विनध्याचल कटि है, नर्मदा करधनी है। पूर्वी और पश्चिमी घाट दो विशाल जँघाए हैं। कन्याकुमारी उसके चरण हैं, सागर उसके चरण पखारता है। पावस के काले-काले मेंघ इसके कुंतल केश हैं। चाँद और सूरज इसकी आरती उतारते हैं। यह वंदन की भूमि है, यह अर्पण की भूमि है, अभिनन्दन की भूमि है। यह तर्पण की भूमि है। इसका कंकर-कंकर शंकर है, इसका बिंदु-बिंदु गंगाजल है। हम जियेगें तो इसके लिये और मरेंगे तो इसके लिये।"

मित्रों, ये कहना अतिश्योक्ति न होगी कि, पूरे विश्व में अटलजी एक श्रेष्ठ वक्ता के रूप में अपनी छाप छोड़ने में सफल रहे हैं। अपनी भाषा, अपनी संस्कृति,

अपने देश और अपने देशवासियों पर गर्व करने वाले आदरणीय अटलजी का हम उनके जन्मदिवस पर शत् शत् नमन और अभिनन्दन करते हैं।

अरुण जेटली के विचार में अटल देश के सर्वश्रेष्ठ वक्ता और शब्दों के रचनाकार थे। अटलजी के सान्निध्य में बरसों रहने वाले भाजपा के वरिष्ठ नेता और देश के वर्तमान वित्त मंत्री अरुण जेटली ने एक लेख लिखकर अटलजी से जुड़ी अपनी यादों को साझा किया है। जेटली ने अपने संस्मरण में अटल को जेंटल जाइंट कहा है।

जेटली लिखते हैं कि—कल श्री अटल बिहारी वाजपेयी 90 साल के हो जायेंगे। देश ने पंडित मदन मोहन मालवीय के साथ अटलजी को भी भारत-रत्न से सम्मानित करने का निर्णय लिया है।

जेटली ने बताया कि अटलजी का पहला भाषण उन्होंने साल 1967 में सुना था, जब वे स्कूल में पढ़ते थे। जेटली के मुताबिक उनके दिल्ली स्थित घर के पास ही आम चुनाव को लेकर रैली का आयोजन था. उसी रैली में भाषण देने के लिए अटलजी भी आये हुए थे। उस समय तक अटलजी कि ख्याति चारों तरफ एक बेहतरीन वक्ता के रूप में फैल चुकी थी। बहुत से युवा अटलजी के अंदाज में उनके भाषण के अंशों की नकल किया करते थे।

जेटली कहते हैं कि साल 1970 में वे ABVP के छात्र कार्यकर्ता बने। उस समय अटलजी का चेहरा संसद और राजनीति में एक जाना-पहचाना चेहरा बन चुका था। जेटली और उनके छात्र साथियों ने कई दफा अटलजी को भाषण के लिए दिल्ली विश्वविद्यालय में आमंत्रित किया था। जेटली कहते हैं कि जब कभी भी हम संसद में किसी विषय को उठाना चाहते थे, हम भागकर अटलजी के पास जाते थे और उन्हें इस बारे में बताते थे। जेटली कहते हैं कि अटलजी के साथ मेंरा सान्निध्य 1973 में शुरू हुआ, तब मैं दिल्ली यूनिवर्सिटी में छात्र नेता हुआ करता था। जेटली उसके बाद अटलजी से अक्सर मिलने लगे। जेटली के मुताबिक एक उत्कृष्ट वक्ता होते हुए भी अटलजी बहुत धैर्य के साथ सबकी बातों को सुनते भी थे।

अटलजी कई गंभीर और विचारोत्तेजक विषयों पर भी बड़ी सरलता और मजाकिया लहजे में अपनी प्रतिक्रिया देते थे। जे.पी. के आन्दोलन के दौरान 1974 में अटलजी पूरे देश में सभाओं को संबोधित करने में सक्रिय थे। देश में आपातकाल के दौरान 1975 में अटलजी और आडवाणी जी को कई अन्य राजनेताओं के साथ बंगलोर में गिरफ्तार किया गया था। उस दौरान अरुण जेटली को भी अंबाला से गिरफ्तार करके दिल्ली की तिहाड़ जेल में लाकर बंद किया गया था। जेटली बताते

हैं कि जेल में रहने के दौरान ही अटलजी की पीठ में गंभीर समस्या पैदा हुई थी, जिसके बाद उन्हें उनके दिल्ली स्थित आवास में नजरबन्द करके रखा गया। इसके बावजूद उनकी पीठ की परेशानी और गंभीर होती चली गयी, जिसकी वजह से उन्हें आपातकाल के दौरान अपनी गिरफ्तारी का महत्वपूर्ण हिस्सा एम्स में गुजारना पड़ा। एम्स में ही उनकी पीठ का ऑपरेशन भी किया गया। इस अस्पताल के बिस्तर पर ही उन दिनों अटलजी ने अपनी एक नई कविता की रचना की, जो जेटली और अन्य लोगों को भी मिली।

उस कविता का आशय बतलाते हुए जेटली लिखते हैं कि - एम्स के डॉक्टर ने अटलजी की पीठ में दर्द बढ़ने पर उनसे कारण बताते हुए कहा कि अटलजी आप ज्यादा झुक गए होंगे। इस पर वाक्पटु अटलजी ने उस डॉक्टर को जवाब दिया था कि डॉक्टर साहब, हम झुक तो सकते नहीं, यूं कहिये, मुड गए होंगे।

अपनी इसी बात पर आशुकवि अटलजी ने एक कविता की रचना कर डाली थी, जो 1977 के आम चुनावों के दौरान देश भर में अक्सर सुनी जाती थी। उस कविता के शुरूआती शब्द थे - टूट सकते हैं मगर, हम झुक नहीं सकते।

जेटली कहते हैं कि इसके बाद उन्होंने और देश भर ने 1977 की जनता पार्टी सरकार में अटलजी को देश के विदेशमंत्री के तौर पर देखा। उसके बाद अटलजी विपक्ष के सांसद और लोकसभा में विपक्षी दल के नेता के तौर पर अपना तेज बिखेरते रहे। जेटली कहते हैं कि समय के साथ अटलजी की उम्र भले ही बढती गयी लेकिन जेटली के लिए 1990 के दशक के शुरुआती समय के अटल बिहारी वाजपेयी की छवि, उनके लिए सर्वोत्तम छवि है। जेटली के मुताबिक, ये वो समय था जब ऐसा माना जाने लगा था कि अटलजी एक ऐसे व्यक्ति हैं जो भले ही कभी देश के प्रधानमंत्री नहीं बने लेकिन इतिहास ने उन्हें सही साबित करके अपने पन्नों में स्थापित किया है।

मगर इतिहास के इस मुकाम पर ही अटलजी नहीं रूके बल्कि उनका पथ आगे और ज्यादा अग्रसर होता गया और जल्दी ही वो दिन भी आ गया जब देश को अटल बिहारी वाजपेयी के रूप में एक उत्कृष्ट प्रधानमंत्री मिला।

जेटली लिखते हैं कि अटलजी इस देश की लोकतान्त्रिक व्यवस्था की उत्पत्ति थे और संसदीय परंपरा में अच्छी तरह शिक्षित राजनेता थे। वे सर्व-सहमति और सामंजस्य के महत्त्व को समझते थे। कैबिनेट की सभा के समय भी उनका आचरण कभी तनावपूर्ण नहीं रहता था। जेटली के मुताबिक जब कभी मंत्रिमंडल की बैठकों में हम लोग किसी मुद्दे को उठाते थे या किसी मुद्दे पर लेकर हमारे बीच कोई

विरोधाभास होता था, तब भी अटलजी कभी हमें रोकते नहीं थे बल्कि वे हमेंशा हमें परिचर्चा के लिए उत्साहित करते थे। हालांकि, इन सबके बाद उनके मुंह से निकला शब्द ही अंतिम निर्णय होता था। वाजपेयी जी आर्थिक विषयों को लेकर उदारवादी थे। वे मूलभूत संरचना के विकास का महत्त्व समझते थे। देश का राष्ट्रीय राजमार्ग कार्यक्रम और ऊर्जा क्षेत्र का सुधार अटलजी की ही देन थे।

भारत के पड़ोसी देशों के साथ भी संबंधों को सामान्य रखने के लिए वे हमेंशा प्रतिबद्ध रहते थे। जेटली बताते हैं कि पाकिस्तान के साथ सम्बन्ध मधुर बनाने के लिए अटलजी की तरफ से की गई बस यात्रा भी राजनीतिक रूप से बहुत जोखिमभरी थी। इसके लिए उनके संसदीय क्षेत्र के लोगों को आश्वस्त करना एक बड़ा चुनौतीपूर्ण विषय था। साल 2003 में उन्होंने चीन के साथ भी देश के सम्बन्ध सामान्य करने की कोशिश की थी और चीन के साथ सीमा को लेकर विवाद को समाप्त करने के लिए कई समझौते किये थे। भारत-चीन के संबंधों में अटलजी के शासन के दौरान ही एक नया अध्याय लिखा गया था।

जेटली के मुताबिक देश की स्वतंत्रता के बाद अटल बिहारी वाजपेयी निर्विवाद रूप से सर्वश्रेष्ठ वक्ता रहे हैं, जिन्हें पूरा देश सुनना चाहता था। वे शब्दों के साथ मनचाहे तरीके से खेल सकने की क्षमता रखते थे और उनके कहे हर शब्द का मूल्य आंका जाता था। अटलजी शब्दों के रचनाकार थे। वे कभी सस्ती लोकप्रियता के लालच में नहीं आये। उन्होंने हमेंशा सामाजिक सौहार्द को महत्त्व दिया। देश-हित के कारणों के लिए पार्टी से ऊपर उठकर समर्थन देना उनके व्यक्तित्व की महत्वपूर्ण योग्यता थी।

अंत में जेटली ने लिखा है कि अटलजी के 90वें जन्मदिवस को सरकार देश भर में सुशासन दिवस के रूप में मना रही है। हम इसके साथ ही इस सरल और विराट महानायक के स्वास्थ्य लाभ और दीर्घायु की कामना करते हैं।

प्रथम बार प्रधानमंत्री बनने के बाद विश्वस्थ मत के समय अटल बिहारी वाजपेई का संसद में भाषण

मई, 1996 में भारत के पूर्व प्रधानमंत्री अटल विहारी वाजपेई ने लोकसभा में लोकसभा अध्यक्ष से कहा था कि, हमारा क्या अपराध है। हमें क्यों कठघरे में खड़ा किया जा रहा है? यह जनादेश ऐसे ही नहीं मिला है। इसके पीछे वर्षों की संघर्ष है, साधना है। एक-एक सीटों वाली पार्टियाँ कुकुरमुत्ते की तरह उग आती हैं। राज्यों में आपस में लड़ती हैं, दिल्ली में आकर एक हो जाती हैं। हम देश की सेवा के कार्य

में जुटे रहेंगे। हम आपको विश्वास दिलाते हैं कि, जो कार्य हमने अपने हाथों में लिया है, उसे पूरा किए बिना विश्राम नहीं करेंगे। अध्यक्ष महोदय, मैं अपना त्यागपत्र राष्ट्रपति को देने जा रहा हूँ।

इससे पूर्व प्रधानमंत्री अटल बिहारी वाजपेयी के नेतृत्व में बीजेपी ने 1996 में पहली बार केंद्र में सरकार बनाई थी। लेकिन बहुमत न जुटा पाने की वजह से 13 दिनों में यह सरकार एक वोट से गिर गई थी। प्रधानमंत्री के तौरपर अपने 13 दिनों के पहले कार्यकाल के बाद इस्तीफा राष्ट्रपति को सौंपने से पहले अटल बिहारी वाजपेयी ने लोकसभा में उपरोक्त बातों को कहा था। अटलजी के इस भाषण का असर इतना हुआ कि इसके बाद अटल बिहारी वाजपेयी 1998 और 1999 में प्रधानमंत्री बने।

अटल के गैर-राजनीतिक भाषण संग्रह

राजनीति के उस पार का लोकार्पण

अटलजी के भाषणों के अनेक संग्रह प्रकाशित हुए हैं, पर यह उन सबसे अलग है, क्योंकि इसमें श्री अटल बिहारी वाजपेयी के संग्रह उन 25 भाषणों का संकलन किया गया है जो राजनीतिक भाषण नहीं हैं। यानी संसद, चुनावी सभाओं, रैली या धरने-प्रदर्शन में दिए गए भाषण नहीं बल्कि ये भाषण हैं जो उन्होंने किसी सामाजिक, सांस्कृतिक कार्यक्रम में या व्यक्तित्व के संदर्भ में दिए हैं। इसीलिए इस पुस्तक का नाम रखा गया है "राजनीति के उस पार"। मुम्बई की सुविख्यात संस्था रामभाऊ म्हालगी प्रबोधिनी द्वारा प्रकाशित इस पुस्तक का गत 17 अगस्त को दिल्ली में लोकार्पण हुआ। संसद भवन ग्रन्थालय के बालयोगी सभागार में उपराष्ट्रपति श्री भैरोंसिंह शेखावत ने पुस्तक का लोकार्पण किया। इस अवसर पर श्री अटल बिहारी वाजपेयी एवं श्री लालकृष्ण आडवाणी भी उपस्थित थे। समारोह की अध्यक्षता म्हालगी प्रबोधिनी के उपाध्यक्ष एवं सांसद श्री बाल आपटे ने की।

विख्यात फिल्म समीक्षक, प्रभात चित्र मण्डल के संस्थापक एवं फेडरेशन आफ फिल्म सोसाइटी के महासचिव श्री सुधीर नांदगांवकर द्वारा संकलित एवं सम्पादित इस पुस्तक की प्रस्तावना रामभाऊ म्हालगी प्रबोधिनी के अध्यक्ष (स्व.) प्रमोद महाजन ने लिखी है। इस पुस्तक की रचना व योजना में स्व. प्रमोद महाजन की महत्वपूर्ण भूमिका थी इसलिए समारोह में उपस्थित प्रत्येक वक्ता ने प्रमोदजी का स्मरण किया।

पुस्तक का लोकार्पण करने के पश्चात श्री भैरोंसिंह शेखावत ने कहा कि अटलजी का प्रबोधन जनमानस के अनुरूप होता है इसीलिए सभी को स्वीकार्य होता है। हम सभी ने अटलजी से कला सीखी है। पर अटलजी का सम्बोधन

श्री लालकृष्ण आडवाणी ने अपने सम्बोधन में अनेक संस्मरण सुनाते हुए बताया कि अटलजी की वक्तृत्व कला देखकर मेंरे भीतर एक ग्रंथि पैदा हो गई थी कि मैं कभी बड़ी जनसभाओं को सम्बोधित नहीं कर पाऊंगा। श्री आडवाणी ने कहा कि अटलजी के भाषणों को लोग केवल इसलिए पसंद नहीं करते हैं कि उनकी शैली बहुत अलग है बल्कि उनके चिंतन की गहनता से लोग प्रभावित होते हैं।

श्री गुरुजी के बारेमें

भारतीय जनसंघ के निर्माण को उनका आशीर्वाद प्राप्त था, उनकी सहमति थी, लेकिन राजनीति उन्हें पसंद नहीं थी। उनके मन में राजनीति के लिए बड़ी वितृष्णा थी। राजनीति क्या करेगी, राजनीति में जाने वाले लोग क्या बनेंगे, वे अपनी आशंकाओं को, अपने मंतव्यों को छिपाते नहीं थे। नित नया रूप लेने वाली राजनीति किसको कहाँ लेकर जाकर पटकेगी, बार-बार उस बात पर बल देते थे। लेकिन यह भी कहते थे कि राजनीति करने वाला व्यक्ति अपने संघकार्य से जुड़ा रहेगा, संस्कार ग्रहण करता रहेगा, निःस्वार्थ समाजसेवा की भावना से आगे बढ़ता रहेगा, तो उतना नुकसान नहीं होगा, जितना आम तौर पर राजनीति कर सकती है। राजनीतिक प्रश्नों पर उनकी दृष्टि अचूक थी। वे प्रत्यक्ष राजनीति में नहीं थे, लेकिन राजनीतिक प्रश्नों की गहराई में जाकर तात्कालिक और दूरगामी परिणाम क्या होंगे, इसका विचार करके कभी-कभी तो ऐसा लगता था कि भविष्य के पर्दे को चीरकर देख सकते थे। (राजनीति के उस पार पुस्तक से। प्रकाशक-रामभाऊ म्हालगी प्रबोधिनी, चंचल स्मृति, आंबेकर मार्ग, वडाला, मुम्बई 400031, पृष्ठ 200, मूल्य-150 रुपए)

दो चुटकियाँ

उपराष्ट्रपति श्री भैरोंसिंह शेखावत ने समारोह में कहा कि "जब मुझे इस पुस्तक के लोकार्पण का निमंत्रण मिला तो मैंने बहुत सोचा कि मुझे ही इसके लिए क्यों चुना गया। बाद में मुझे समझ आया कि 50 साल तक प्रेमपूर्वक साथ काम करने के बाद मेंरे मित्रों ने बहुत स्नेहपूर्वक मुझे राजनीति के उस पार धकेल दिया है।" तब अटलजी, आडवाणी जी सहित सभागार में उपस्थित लोगों की हंसी थामें न थमी।

अटलजी ने अपने सम्बोधन में कहा कि आजकल पुस्तक लिखने और उसका लोकार्पण करने में बहुत सावधान रहना पड़ता है। कई बार अर्थ का अनर्थ हो जाता है। अटलजी का संकेत समझकर सभागार ठहाकों से गूँज उठा।

श्री अटल बिहारी वाजपेयी ने इस अवसर पर कहा कि पहले सामाजिक क्षेत्र के कार्यकर्ता राजनीति में जाते थे इसलिए उनसे सामाजिक विषयों पर प्रबोधन की आशा होती थी। आज तो व्यक्ति सीधे राजनीतिक क्षेत्र से जुड़ना चाहता है और उसे ही सामाजिक कार्य समझता है। दुर्भाग्य से आज दलगत राजनीति समाज पर हावी है, लेकिन राजनीति से संचालित समाजों का क्या हश्र होता है यह जानना हो तो अधिनायकवादी देशों का हश्र देख लें। राजनीति कभी समाज को संचालित नहीं कर सकती क्योंकि समाज जोड़ता है जबकि राजनीति तोड़ती है। इसलिए समाज से जुड़ी राजनीति की आवश्यकता है। श्री वाजपेयी ने कहा कि आज राजनीतिक दलों का समाजिक सरोकार संकुचित हुआ है। ऐसे में राजनीति को समाज के अनुरूप बनाने के लिए केवल राजनीतिक कार्यकर्ताओं को ही नहीं बल्कि समाज के हर वर्ग को आगे आना चाहिए। समारोह में रा.स्व.संघ के सह सरकार्यवाह भैय्याजी जोशी सहित अनेक सांसद, भाजपा के पदाधिकारी व बड़ी संख्या में गण्यमान्यजन उपस्थित थे।

5

जीवन के प्रेरक प्रसंग

भारत के पूर्व प्रधानमंत्री अटल बिहारी वाजपेयी को सर्वोच्च नागरिक सम्मान 'भारतरत्न'' से सम्मानित किया जाएगा।

वाजपेयी के नेतृत्व की क्षमता का अंदाजा इसी बात से लगा सकते हैं कि वे एनडीए सरकार के पहले ऐसे प्रधानमन्त्री थे जिन्होंने गैर-कॉंग्रेसी प्रधानमन्त्री पद के 5 साल बिना किसी समस्या के पूरे किए। उन्होंने 24 दलों के गठबंधन से सरकार बनाई थी जिसमें 81 मन्त्री थे। कभी किसी दल ने आनाकानी नहीं की।

भारत पूर्वप्रधानमंत्री अटल विहारी वाजपेयी के जीवन के कुछ प्रेरक प्रसंग निम्नलिखित हैं–

वाजपेयी ने भारतीय जनसंघ की स्थापना करने वालों में से एक हैं और 1968 से 1973 तक वह उसके अध्यक्ष भी थे। राजनीतिज्ञ होने के साथ-साथ वाजपेयी एक अच्छे कवि और संपादक भी थे. वाजपेयी ने लंबे समय तक राष्ट्रधर्म, 'पांचजन्य' और 'वीर-अर्जुन' आदि पत्र-पत्रिकाओं का सम्पादन किया।

अटल बिहारी वाजपेयी की पढ़ाई-लिखाई कानपुर में हुई। वे अपने कॉलेज के समय से ही राष्ट्रीय स्वयंसेवक संघ के स्वयंसेवक बन गए थे। वाजपेयी ने राजनीति शास्त्र में पोस्ट ग्रेजुएशन कानपुर के एक कॉलेज से किया। एलएलबी बीच में ही छोड़कर वाजपेयी राजनीति में पूरी तरह सक्रीय हो गए। राजनीति में उनका पहला

कदम अगस्त 1942 में रखा गया, जब उन्हें और बड़े भाई प्रेम को भारत छोड़ो आंदोलन के दौरान 23 दिन के लिए गिरफ्तार किया गया।

1951 में वाजपेयी भारतीय जनसंघ के संस्थापक सदस्य थे। उन्होंने 1955 में पहली बार लोकसभा चुनाव लड़ा, लेकिन हार गए। 1957 में जनसंघ ने उन्हें तीन लोकसभा सीटों लखनऊ, मथुरा और बलरामपुर से चुनाव लड़ाया। लखनऊ में वो चुनाव हार गए, मथुरा में उनकी जमानत जब्त हो गई लेकिन बलरामपुर (जिला गोण्डा, उत्तर प्रदेश) से चुनाव जीतकर वे लोकसभा पहुंचे।

1957 से 1977 तक (जनता पार्टी की स्थापना तक) जनसंघ के संसदीय दल के नेता रहे। 1968 से 1973 तक वे भारतीय जनसंघ के राष्टीय अध्यक्ष पद पर आसीन रहे।

1977 में पहली बार वाजपेयी गैर कांग्रेसी विदेशमंत्री बने। मोरारजी देसाई की सरकार में वह 1977 से 1979 तक विदेश मंत्री रहे। इस दौरान संयुक्त राष्ट्र अधिवेशन में उन्होंने हिंदी में भाषण दिया। अटल ही पहले विदेश मंत्री थे जिन्होंने संयुक्त राष्ट्र संघ में हिन्दी में भाषण देकर भारत को गौरवान्वित किया था। देखें: संयुक्त राष्ट्र में जब पहली बार जब गूँजी हिन्दी

1980 में जनता पार्टी से असंतुष्ट होकर इन्होंने जनता पार्टी छोड़ दी और भारतीय जनता पार्टी की स्थापना में मदद की। 1980 से 1986 तक वो बीजेपी के अध्यक्ष रहे और इस दौरान वो बीजेपी संसदीय दल के नेता भी रहे। दो बार राज्यसभा के लिए भी निर्वाचित हुए। 16 मई 1996 को वो पहली बार प्रधानमंत्री बने। लेकिन लोकसभा में बहुमत साबित न कर पाने की वजह से 31 मई 1996 को उन्हें त्यागपत्र देना पड़ा। इसके बाद 1998 तक वो लोकसभा में विपक्ष के नेता रहे।

अटल बिहारी वाजपेयी अब तक नौ बार लोकसभा के लिए चुने गए हैं। वे सबसे लम्बे समय तक सांसद रहे हैं और जवाहरलाल नेहरू व इंदिरा गाँधी के बाद सबसे लम्बे समय तक गैर कांग्रेसी प्रधानमंत्री भी।

परमाणु शक्ति सम्पन्न देशों की संभावित नाराजगी से विचलित हुए बिना उन्होंने अग्नि-दो और परमाणु परीक्षण कर देश की सुरक्षा के लिये साहसी कदम भी उठाये। 1998 में राजस्थान के पोखरण में भारत का द्वितीय परमाणु परीक्षण किया।

अटल बिहारी वाजपेयी राजनीतिज्ञ होने के साथ-साथ एक कवि भी हैं। श्मेंरी इक्यावन कविताएँ अटलजी का प्रसिद्ध काव्यसंग्रह है। वाजपेयी जी को काव्य रचना शीलता एवं रसास्वाद के गुण विरासत में मिले हैं। उनके पिता कृष्ण बिहारी वाजपेयी ग्वालियर रियासत में अपने समय के जाने-माने कवि थे।

अटल बिहारी वाजपेयी 1992 में पद्‌म विभूषण सम्मान, 1994 में लोकमान्य तिलक पुरस्कार, 1994 में श्रेष्ठ सासंद पुरस्कार और 1994 में ही गोविंद वल्लभ पंत पुरस्कार से सम्मानित किए जा चुके हैं।

अटलजी ने कहा-मेरी आस्था भारत

अटलजी के बारे में लिखना उतना ही कठिन है जैसे गंगा की बहती धारा का वर्णन प्रायः शब्दातीत हो जाता है। कठोर होते हुए भी मृदुल, प्रतिपक्षी की आक्रामकता सहेजते हुए भी संबंधों में मैत्री की शालीनता, कठोर प्रहार करते हुए शब्द संयम और वाणी में सौम्यता, ऊँचाई होते हुए भी हरी दूब सी विनम्रता अटलजी को बस अटलजी बनाने वाले गुण हैं। बड़ी बात है कि उनका मन बड़ा है। उनका मनपसंद वाक्य अक्सर सुनने में आता है - मतभेद रखो मनभेद नहीं। उनके साथ बहुत लंबे अरसे तक मिलने, बैठने और यात्राएं करने का अवसर मिला। उनमें सुनने का जितना अद्‌भूत धैर्य है वैसा शायद ही किसी और में हो। जब भी मिलने गया, अत्यंत व्यस्तता में भी उन्होंने कभी यह एहसास नहीं होने दिया कि अपनी कहना बंद करो, अब मुझे जाना है। वे अपनी बात कहने आए व्यक्ति को इस बात का अपार संतोष धन देते थे कि अटलजी ने मेंरी बात सुन ली। आज संगठनों और समाज के विभिन्न क्षेत्रों में सबसे बड़ी पीड़ा और वेदना इसी बात की है कि सब सुनाने वाले मिलते हैं, सुनने वाले नहीं। मैंने एक बार अटलजी से कहा कि आपके साथ दिल्ली से मथुरा दीनदयाल धाम तक अकेले चार घंटे सफर करने का मौका मिला। बहुत कुछ सुनाने के भाव से मैं ही बक-बक करता गया और आप सुनते रहे। इतना धैर्य कहाँ से आया। अटलजी खूब हंसे और बोले, यह तो मन की बात है। सुनने से कुछ मिलता ही है। जो पसंद आए उसे रख लो, बाकी छोड़ दो। वे अपने घनघोर विपक्षी पर भी घनघोर व्यक्तिगत प्रहार के पक्षधर नहीं थे। हम पांचजन्य में उन दिनों सोनिया जी के नेतृत्व में कांग्रेस की आलोचना करते हुए अक्सर तीखी आलोचना करते थे। ऐसे ही एक अंक को देखकर उन्होंने प्रधानमंत्री कार्यालय से ही फोन किया-विजय जी, नीतियों और कार्यक्रमों पर चोट करिए, व्यक्तिगत बातों को आक्षेप से बाहर रखिए। यह अच्छा होगा। एक बार हमने धर्मक्षेत्र कुरूक्षेत्र अंक निकाला जिसके मुखपृष्ठ पर काशी के डोमराजा के साथ संतों, शंकराचार्य और विश्व हिंदू परिषद के तत्कालीन अध्यक्ष श्री अशोक सिंहल का भोजन करते हुए चित्र छपा। अटलजी यह देखकर बहुत प्रसन्न हुए और कहा कि ऐसी बातों का जितना अधिक प्रचार-प्रसार हो, उतना अच्छा है। ऐसे कार्यक्रम और होने चाहिए लेकिन मन से होने चाहिए,

फोटो-वोटो के लिए नहीं। पांचजन्य के प्रथम संपादक तो थे ही, प्रथम पाठक भी थे। प्रधानमंत्री रहते हुए हमारे अंकों पर उनकी प्रतिक्रियाएं मिलती थीं । एक बार स्वदेशी पर केंद्रित हमारे अंक के आवरण पर भारत माता का द्रोपदी के चीर-हरण जैसा चित्र देख वे कुद्ध हुए - हमारे जीते जी ऐसा दृश्यांकन। हम मर गए हैं क्या ? संयम और शालीनता के बिना पत्रकारिता नहीं हो सकती।

पचास के दशक के उस दौर से जब नेहरूवादी मानसिकता के कारण भिन्न मत के वर्ग पर एक प्रकार की वैचारिक अस्पृश्यता का प्रहार होता था और तब अटलजी के संपादकत्व में 'पांचजन्य' 'राष्ट्रधर्म' 'स्वदेश' 'हिंदुस्तान' जैसे पत्र निकले। वे संघर्ष के दिन थे। पंडित दीनदयाल उपाध्याय जी के साथ कठिनाइयों में भी वे खूब मेंहनत से काम करते। तब उन्होंने लिखा।

बाधाएं आती हैं आएं, घिरे प्रलय की घोर घटाएं
पावों के नीचे अंगारे, सिर पर बरसें यदि ज्वालाएं
निज हाथों में हंसते-हंसते, आग लगाकर जलना होगा
कदम मिलाकर चलना होगा।

जब वे सरकार के पहले दौर में 13 दिन के लिए प्रधानमंत्री बने तो मैंने उनसे कहा कि सरकार सब तरह की यात्राओं को मदद देती है, कैलास-मानसरोवर यात्रा को भी सरकार की सहायता मिलनी चाहिए। उन्होंने कहा तुम तुरंत पत्र लिखो, मैं कुछ करता हूँ। मैंने अपना हस्तलिखित आवेदन ही संपूर्ण पृष्ठभूमि समझाते हुए दे दिया। तब उनके प्रमुख सचिव श्री बिशन टंडन थे। वह पत्र उस समय लोक सभा में भेजा गया जब अटलजी इस्तीफा देने वाले थे। वहीं से उन्होंने हस्ताक्षर करके वह अनुदान स्वीकृत करवाया जो अभी तक चल रहा है और उसके बाद अनेक राज्य सरकारों ने भी अनुदान प्रारंभ किए ।

जब वे दोबारा प्रधानमंत्री बने तो अधिक आत्मविश्वास के साथ कठोर निर्णय भी लेने में हिचकिचाए नहीं। पोकरन-2 का विस्फोट ऐसा ही चमत्कारिक क्षण था। अमेंरिका जैसा तथाकथित सर्वशक्तिशाली देश भी भौचक्का और हैरान रह गया। दुनिया भर से प्रतिबंध लगने पर अटलजी ने परवाह नहीं की। अमेंरिका से सुपर कंप्यूटर नहीं मिला तो महान वैज्ञानिक विजय भाटकर को प्रोत्साहित कर भारत में ही सुपर कंप्यूटर बनवाया। क्रायोजेनिक इंजन नहीं मिला तो भारत में ही उसका विकास किया।

कारगिल में पाकिस्तान को करारी शिकस्त देने के बाद भी आगरा शिखर वार्ता उनके आत्मविश्वास का ही घोतक थी। सूचना प्रौद्योगिकी में क्रांति, मोबाइल,

टेलीफोन को सस्ता बनाकर घर-घर पहुँचाना, भारत के ओर-छोर स्वर्णिम चतुर्भुज राजमार्गों से जोड़ना और हथियारों के मामले में भारत को अधिक सैन्य सक्षम बनाना अटलजी की वीरता एवं विकास केंद्रित नीति के शानदार परिचय हैं। वे अंतिम व्यक्ति की गरीबी को दूर करने के लिए बेहद चिंतित रहते थे। पंडित दीनदयाल उपाध्याय जी एकात्म मानववाद और गाँधी चिंतन में उनकी गहरी श्रद्धा थी इसीलिए भाजपा निर्माण के बाद उन्होंने गाँधीवादी समाजवाद को अपनाया।

अटलजी का व्यक्तित्व एक ऐसे स्वयंसेवक के पुण्य प्रवाह का प्रतिबंब है जिसकी कलम न लिखा था गगन में लहराता है भगवा हमारा रग-रग हिंदू मेंरा परिचय और केशव के आजीवन तप की यह पवित्रतम धारा...साठ सहस ही तरेगा इससे भारत सारा। हिरोशिमा की वेदना और मनाली मत जहयो उनके कवि हृदय की वेदना एवं उछाह दर्शाते हैं तो एक समय ऐसा भी आया जब दुःख व कष्टों ने घेरा। अपनों की मार से हुई व्यथा ने उन्हें झकझोरा, पर वे टूटे नहीं। तार तोड़े नहीं।

1994 में रज्जूभैया ने आग्रहपूर्वक मेंरी पुस्तक 'कैलास मानसरोवर' यात्रा-साक्षात शिव से संवाद का प्रकाशन करवाया। फिर कहा-इसका उद्घाटन समारोह करें -अटलजी से करवाओ। मैं अटलजी के पास गया तो वे बोले हम तो हैं ही। कर ही देंगे। रज्जू भैया ने कहा है। पर मेंरी राय है ऐसे समारोहों में उन्हें भी साथ जोड़ना चाहिए जो साथ में न होते हुए भी विद्धान और राष्ट्रभक्त हैं। मैंने कहा, कैसे ? उन्होंने अपने चिर-परिचित क्षणिक ठहराव के बाद कहा-डॉ. कर्ण सिंह। उन्हें बुलाइए। मैंने कहा मेंरा उनसे परिचय नहीं। उन्होंने फोन उठाया, सहायक से कर्ण सिंह से बात करने को कहा - बात की और डॉ. कर्णसिंह को पुस्तक 'लोकापर्ण' के लिए स्वयं आमंत्रित किया।

2007 की बात है। उनका स्वास्थ्य कुछ ठीक नहीं, पता चलने पर मैंने फोन किया। एक क्षण के सुपरिचित मौन के बाद वे बोले, देह धरन को दंड है सब काहू को होय । ज्ञानी भुगते ज्ञान से, मूरख भुगते रोयश, और यह कहकर हंस पड़े।

मैंने पूछा, अटलजी ये किसकी पंक्तियां हैं। बोले पता नहीं, पर मेंरे पिता जी कृष्ण बिहारी बाजपेयी सुनाया करते थे। इसलिए शरीर के कष्टों पर दुःखी नहीं होना चाहिए।

हमने 1996 से लेह में सिंधु दर्शन प्रारंभ किया था। आडवाणी जी का वरदहस्त था। साहिब सिंह वर्मा जी का उत्साहवर्द्धक सहयोग तो था ही, रज्जूभैया और हो. वे. शेषाद्रिजी का संरक्षण बहुत बड़ा सम्बल था। हम संकोच से अटलजी से सिंधु दर्श के उद्घाटन हेतु कहने में हिचकते थे। एक बार उनका फोन आया, विजय जी,

सिंधु दर्शन अकेले ही करेंगे? हमें न्योता नहीं मिला। उनका उलाहना हमें भिगो गया। वर्ष 2001 में उन्होंने सिंधु दर्शन अभियान का उद्घाटन किया और हृदय को रोमांचित करने वाला उद्बोधन दिया- इस उत्सव ने राष्ट्रगान के अधूरेपन को भर दिया है।

सभ्यता और संस्कृति के बारे में उन्होंने बहुत बात कही, 'सभ्यता कलेवर है' संस्कृति उसका अंतरंग। सभ्यता स्थूल होती है, संस्कृति सूक्ष्म। समय के साथ सभ्यता बदलती है, क्योंकि उसका संबंध भौतिक जीवन से होता है। किंतु उसकी तुलना में संस्कृति मुख्य रूप से आंतरिक जगत से जुड़ी होने के कारण अधिक स्थायी होती है। जब यह कहा जाता है कि रोम, मिस्त्र, यूनान की सभ्यताएं नष्ट हो गई तो निस्संदेह उसमें उनके स्थूल जीवन का ही नहीं, उनके जीवन मूल्यों का भी समावेश होता है।"

जिस समय काफी तीव्रता से गर्व से कहो हम हिन्दू हैं का वातावरण बना तो मैंने उनसे एक साक्षात्कार किया जो बहुत चर्चित हुआ। उन्होंने बेलाग कहा—'यदि हिंदुत्व के प्रति गर्व प्रतिक्रिया में उत्पन्न हुआ है तो यह भी कोई बहुत स्वस्थ स्थिति नहीं है। यदि लोग इस प्रतिक्रिया में हिंदू हो रहे हैं तो दूसरे लोग प्रतिक्रिया में और भी कट्टर होंगे। विधायक तत्वों के आधार पर ही वर्तमान की दुविधा को हल करने की कोशिश होनी चाहिए। भारत में हिंदू बहुसंख्या में हैं, इसलिए हमारा दायित्व भी अधिक है। गर्व से कहो, हम भारतीय हैं, कहने में क्या आपत्ति है ?'

इस वर्ष प्रधानमंत्री श्री नरेन्द्र मोदी ने अटलजी के जन्मदिन को सुशासन दिवस के रूप में मनाने का निर्णय किया है। सुशासन पर अटलजी ने एक साक्षात्कार में कहा था—'देश के अच्छे शासन की जरूरत है। शासन अपने प्राथमिक कर्तव्यों का पालन करे, हर नागरिक को बिना किसी भेदभाव के सुरक्षा दे, उसके लिए शिक्षा, उपचार और आवास का प्रबंध करे इसकी बड़ी आवश्यकता है। पिछले 50 साल में यह कार्य जिस गति से होना चाहिए था, नहीं हुआ। लोग अच्छी सरकार भी चाहते हैं और स्वच्छ सरकार भी चाहते हैं। जहां मजबूती और कठोरता की आवश्यकता होगी, वहाँ हमारी सरकार मजबूती दिखाएगी और समझा-बुझाकर समस्याओं के समाधान निकालना संभव हो तो वहाँ उस दिशा में प्रयत्न किए जाएंगे।

यह हमारी राष्ट्रीयता का ही अंग है कि हम एक ऐसा देश बनाना चाहते हैं जिसमें 'दैहिक, दैविक, भौतिक तापा, रामराज काहू नहीं व्यापा' की बात फलीभूत हो। खाद्य के क्षेत्र में सुरक्षा भी हमारी बहुत बड़ी उपलब्धि है। अब कहीं कोई भुखमरी का शिकार नहीं होता। अंत्योदय के अंतर्गत दो रुपए किलो गेहूँ और तीन रुपए

किलो चावल देते हैं। लेकिन अब तो हाल यह है कि लेने वाले नहीं मिलते। हालात सुधर रहे हैं।

अटलजी बस अटलजी हैं। अनुपमेंय। आज के वातावरण में व्याप्त राजनीतिक कलुष में उनकी बातें सबको बहुत याद आती हैं। ये सत्य ही वर्तमान युग के अजातशत्रु हैं। जिन्होंने भारत की आराधना की। इसलिए वे कह सके 'मेंरी आस्था है भारत''।

अटलजी दीर्घायु हों। उनका जीवन शतशत वसंतों की उत्सवी गंध से सुवासित रहे। वे भारत के राष्ट्रीय नेतृत्व का मानक बने हैं। यह मानक भारत को उजाला दे।

जब अटल बिहारी वाजपेयी ने किया भारतरत्न' लेने से इनकार...

वाजपेयी के प्रधानमंत्री रहते ही सरकार के कई वरिष्ठ मंत्रियों ने आग्रह किया था कि उन्हें भारतरत्न' दे दिया जाए। बात तब की है जब 1999 में कारगिल युद्ध के बाद हुए लोकसभा चुनावों में बीजेपी ने जीत हासिल की थी और वाजपेयी तीसरी बार प्रधानमंत्री बने थे। तब जीत का उत्साह पार्टी पर हावी था। 1998 के परमाणु परीक्षण और कारगिल में पाकिस्तान को धूल चटाने के बाद मिली जीत के बाद पार्टी के कई नेताओं को लगा कि वाजपेयी को भारतरत्न' दिया जाना चाहिए।

वाजपेयी के मीडिया सलाहकार रहे वरिष्ठ पत्रकार अशोक टंडन बताते हैं कि वाजपेयी को ये दलीलें दी गईं कि जवाहरलाल नेहरु और इंदिरा गाँधी ने प्रधानमंत्री रहते हुए खुद को भारतरत्न दिलवाया था। वाजपेयी से कहा गया कि उनका भारतीय राजनीति में ऐसा ही मुकाम है लिहाजा उन्हें ये सम्मान स्वीकार करना चाहिए, लेकिन वाजपेयी ने इनकार कर दिया।

उन्होंने कहा कि उन्हें ये उचित नहीं लगता कि अपनी सरकार में खुद को ही सम्मानित किया जाए। वाजपेयी के इनकार के बाद वरिष्ठ मंत्रियों ने योजना बनाई कि जब वाजपेयी किसी विदेश दौरे पर जाएं तब उनकी अनुपस्थिति में सरकार उन्हें भारतरत्न देने का निर्णय कर दे, लेकिन वाजपेयी को इसकी भनक लग गई। उन्होंने सख्ती से ऐसा करने से इनकार कर दिया।

आज जब उन्हें भारतरत्न देने का ऐलान हुआ है वो शायद इस पर अधिक प्रतिक्रिया देने की स्थिति में भी नहीं हैं, लेकिन यह जरूर है कि वाजपेयी को भारतरत्न मिलने में देरी हुई है। उन्होंने खुद को भारतरत्न न देकर एक बड़ा राजनीतिक उदाहारण पेश किया था।

अखर गया अटलजी का देर से आना

संयुक्त राष्ट्र सम्मेंलन अपने पूरे जोर पर है। अटलजी गुरुवार की दोपहर (अमेंरिकी समय के अनुसार) यहाँ देरी से पहुँचे जबकि विश्व के सभी महत्वपूर्ण नेता कल से यहाँ मौजूद हैं। सम्मेंलन बुधवार से शुरू हो चुका है। पर अटलजी विलंब से यहाँ पहुँचे हैं। शहर के पूर्वी भाग में जहां सम्मेंलन चल रहा है, लिमोसिन गाड़ियों का काफिला नजर आता है। अमेंरिकी राष्ट्रपति क्लिंटन, रूसी राष्ट्रपति पुतिन, चीन के जियांग जेमिन, इसराइल के एहुद बराक, फिलिस्तीनी नेता यासेर अराफात पहले दिन अपना भाषण दे चुके हैं। जब भारत का अवसर शुक्रवार को आएगा तब तक सम्मेंलन का खुमार उतार पर होगा। बुधवार को दुनियाभर के नेताओं ने एक ऐतिहासिक तस्वीर खिंचवाई। इन्हीं में से एक नेता का कहना था- सहस्राब्दी सम्मेंलन एक हजार वर्ष में एक बार होते हैं। करीब 150 देशों के राष्ट्रपति, प्रधानमंत्री और राजा आदि यहाँ मौजूद हैं। यहाँ के वॉड्रोफ एस्टोरिया होटल में 30 से अधिक नेता रुके हैं। इसमें क्लिंटन, अराफात, बराक शामिल हैं। अटलजी भी यहीं रुके हैं।

इन्हीं में से एक नेता का कहना था- सहस्राब्दी सम्मेंलन एक हजार वर्ष में एक बार होते हैं पर अफसोस इस बात का है कि अटलजी के देर से आगमन से कुछ ऐसा लग रहा है जैसे 'वर निकासी' की बजाय 'कन्या बिदाई' के समय किसी शादी में शरीक होना। हालांकि उनका स्वास्थ्य सर्वोपरि है। लेकिन हमारे प्रशासकों ने कहीं न कहीं चूक की जो तीन दिन की अहमियत को पूरी तरह भुना न सके।

उन चार सांसदों में से एक थे'-अटल बिहारी वाजपेयी

लिखने की शैली कुशल हो, बोलने की शैली कुशल हो और बातों को गहराई से समझने की शक्ति हो ऐसे गुणों का सम्मेंलन बहुत ही कम व्यक्तियों में नजर आता है। अटल बिहारी वाजपेयी का नाम उन सर्वगुण सम्पन्न व्यक्तियों में से एक है जो जिंदगी के हर पड़ाव पर अपने आपको साबित करते चले जाते हैं। 'मैं देख पाता हूँ, न मैं चुप हूँ, न गाता हूँ' यह भावपूर्ण पक्तियां भी अटल बिहारी वाजपेयी के द्वारा लिखी गई हैं। भारतीय जनता पार्टी के वरिष्ठ नेता अटल बिहारी वाजपेयी के बारे में एक खास बात कही जाती है कि उनके भाषणों में अद्भुतपन झलकता है और एक समय था जब अटल बिहारी वाजपेयी राजनीतिक गलियारों से अपने विरोधियों पर ऐसी रोचक टिप्पणी करते थे, जिससे उनका मकसद भी पूरा हो जाता था और कड़वाहट भी पैदा नहीं होती थी।

'चार सांसदों में से एक थे'

1957 का एक किस्सा है जब दूसरी लोकसभा में भारतीय जन संघ के सिर्फ चार सांसद थे। इन सांसदों का परिचय तत्कालीन राष्ट्रपति एस राधाकृष्णन से कराया गया था। तब राष्ट्रपति ने बड़ी ही हैरानी के साथ कहा था कि 'वो किसी भारतीय जन संघ नाम की पार्टी को नहीं जानते हैं' और अटल बिहारी वाजपेयी उन चार सांसदों में से एक थे। अटल बिहारी वाजपेयी जब भी उस घटना को याद करते तो यही कहते कि आज कोई भी राजनीति के मैदान में यह नहीं कहेगा कि वह भारतीय जनता पार्टी को नहीं जानता है। लेकिन यह सबसे बड़ा सच कि भारतीय जन संघ से भारतीय जनता पार्टी और सांसद से देश के प्रधानमंत्री तक के सफर में अटल बिहारी वाजपेयी ने कई पड़ाव तय किए। नेहरू-गाँधी परिवार के प्रधानमंत्रियों के बाद अटल बिहारी वाजपेयी का नाम भारत के इतिहास में उन चुनिंदा नेताओँ में शामिल होगा जिन्होंने सिर्फ अपने नाम, व्यक्तित्व और करिश्में के बूते पर सरकार बनाई।

'पत्रकारिता का पाठ भी पढ़ा था'

कहते हैं ना कि मंजिल तक पहुँचने के लिए तमाम मुश्किल सफर से गुजरना पड़ता है कुछ ऐसा ही अटलजी के साथ था। एक स्कूल टीचर के घर में पैदा हुए वाजपेयी के लिए शुरुआती सफर जरा भी आसान न था। उन्होंने राजनीतिक विज्ञान में स्नातकोत्तर किया और पत्रकारिता में अपना कैरियर शुरू किया था।

जब अपना पहला भाषण भूल गए थे अटल बिहारी वाजपेयी

कुरुक्षेत्र के विद्या भारती संस्कृति शिक्षा संस्थान में विद्वत संगोष्ठी का आयोजन किया गया। हरियाणा के राज्यपाल कप्तान सिंह सोलंकी ने मुख्य अतिथि के रूप में संगोष्ठी का उद्‌घाटन किया। राज्यपाल ने इस मौके पर उद्देश्यपूर्ण शिक्षा की वकालत की। इस मौके पर राज्यपाल ने डॉ. प्रीतम द्वारा किए गए पूर्व प्रधानमंत्री अटल बिहारी वाजपेयी की कविताओं के शोध संग्रह का विमोचन भी किया गया।

विमोचन से पहले जब भारतरत्न अटल बिहारी बाजपेयी के कविता संग्रह में से कुछ पंक्तियाँ डॉ. प्रीतम सिंह ने सुनाई तो सभागार का माहौल पूर्व प्रधानमंत्री और उनके जीवन की पुरानी स्मृतियों में डूब गया। डॉ. प्रीतम सिंह वे पहले शख्स हैं, जिन्होंने बाजपेयी पर शोध करने की पहल की थी। पूरे देश की किसी यूनिवर्सिटी में यह पहला रजिस्ट्रेशन था, जिसे बाजपेयी के जीवन पर शोध के लिए कराया गया था।

कवि अटल बिहारी बाजपेयी के जीवन एवं दर्शन की झलक इस पुस्तक में उनके जन्म स्थान और वंश परिचय से आगे बढ़ती हुई साहित्य, संवेदना, काव्य के शिल्प पक्ष का अध्ययन कराते हुए समापन की ओर बढ़ती है। अटल बिहारी पर लिखी गई पुस्तक के जरिये डॉ. प्रीतम सिंह की पुस्तक के जरिये कई रोचक पहलू पाठकों के सामने होंगे।

पुस्तक में उल्लेख है कि अटल को बाजरे का पुआ और गुझिया बहुत पसंद है। ग्वालियर का चूड़ा तो उन्हें इतना अच्छा लगता था कि जब भी वे ग्वालियर जाते तो ढेर-सा चूड़ा खरीद लाते। खीर, कढ़ी, पनेछा और गलरा उनकी पसंद रहे हैं। ग्वालियर के एमएलबी रोड पर पीपल के पेड़ के नीचे एक बुढ़िया स्वादिष्ट मुंगौड़े बनाया करती थी, जो अटल की खास पसंद रहे।

अटल जब भी ग्वालियर जाते उस पेड़ के नीचे मुंगौड़े बनाने वाली बुढघ्यिा के मुंगौड़े खाए बिना नहीं लौटते। पुस्तक में जिक्र है कि अटल बिहारी बाजपेयी की जिस भाषण शैली की दुनिया कायल रही है, वही अटल अपने पहले भाषण में बीच गें भूल गए थे। यह वाक्य वड़नगर के उस स्कूल के वार्षिकोत्सव में हुआ, जहाँ उनके पिता पंडित कृष्ण बिहारी बाजपेयी हेडमास्टर थे। बगैर तैयारी किए मंच पर पहुंचे अटल लड़खड़ा गए और भाषण बीच में ही बंद करना पड़ा था।

वही 25 दिसंबर यानि कि गत गुरुवार को अटल का जन्मदिन काफी धूम धाम से मनाया गया। सांसद किरण खेर ने कहा कि वाजपेयी की स्वच्छ छवि का नतीजा है कि उन्होंने प्रधानमंत्री पद पर रहते हुए देश के लिए जो भी निर्णय लिए उनका विरोध पार्टी भी नहीं कर सकी। दूसरी ओर मुख्य अतिथि राज्यपाल कप्तान सिंह सोलंकी ने दीप प्रज्वलित कर संगोष्ठी का शुभारभ किया।

जब वाजपेयी ने नागौर में कहा : 'जितना राशन-उतना भाषण'

देश में सबसे बड़ी पार्टी के रूप में अपनी पहचान बना रही भारतीय जनता पार्टी को नागौर में खड़ा करने का काम पूर्व प्रधानमंत्री अटल बिहारी वाजपेयी ने किया था।

आज से करीब 35 साल पहले वर्ष 1979-80 में नागौर शहर के गाँधी चौक में आयोजित कार्यक्रम में वाजपेयी शरीक हुए थे। बुधवार को राष्ट्रपति प्रणव मुखर्जी ने वाजपेयी को भारतरत्न देने की घोषणा की तो नागौर वासियों की 35 वर्ष पुरानी यादें ताजा हो गई।

नगौर के सिंघवियों की पोल निवासी 65 वर्षीय संतोष सिंघवी ने बताया कि वाजपेयी को जब कार्यक्रम में बुलाया गया था तो भाजपा के फंड में 51 हजार रूपए देने का वादा किया था, लेकिन स्थानीय कार्यकर्ताओं ने 37 हजार रूपए ही दिए।

इस पर उन्होंने कटाक्ष करते हुए कहा था, "जितना राशन-उतना भाषण। यही से वाजपेयी का यह वाक्य लोकप्रिय हुआ। सर्किट हाउस में आराम के दौरान कई कार्यकर्ता उनके साथ फोटों खींचवाने के लिए उतावले देखे गए।

दर्शन कर लिए मार्ग पड़ा है जाओ

नागौर दौरे के दौरान वाजपेयी से मिलने गए विद्यार्थी परिषद के कार्यकर्ताओं ने उनसे जब मार्गदर्शन चाहा तो वे तुरन्त बोले, "दर्शन कर लिए मार्ग पड़ा है जाओ।" इसके बाद वे ठहाका लगाकर हंस पड़े और अपनी चिर-परिचित शैली में कार्यकर्ताओं से काफी देर तक बातचीत की।

नागौर में पहली बार बने भाजपा के आठ पार्षद

अटल बिहारी वाजपेयी के कार्यक्रम के बाद नागौर नगर पालिका के चुनाव में भाजपा के 8 पार्षद एक साथ चुनकर आए और पार्टी का दायरा बढ़ा। इसके बाद भाजपा ने नागौर में उत्तरोतर वृद्धि की।

6

'भारतरत्न' मिलना

वाजपेयी और उनके सहयोगी लालकृष्ण आडवाणी ने एक ऐसे मुद्दे को हवा दी, जिसने उनकी पार्टी को तो लोकप्रिय बना दिया, लेकिन उसके कारण 3,000 भारतीय मारे गये। यह धारणा पूरी तरह फालतू है कि आडवाणी बुरे थे और वाजपेयी भले..

ऐसे किसी पुरस्कार को ज्यादा गंभीरता से नहीं लिया जा सकता, जिसे नेल्सन मंडेला और सचिन तेंडुलकर को दिया गया हो और जिसे पाने वालों में जवाहरलाल नेहरू और गुलजारी लाल नंदा भी हों। 'भारतरत्न' देश का सबसे बड़ा नागरिक सम्मान है, लेकिन इसे पाने वाले कुल 45 व्यक्तियों में 25 राजनीतिक लोग हैं। इसे राजनीति के लाइफटाइम अचीवमेंट अवॉर्ड के रूप में देखा जाता है और इसे पाने वालों की सूची देखकर यह बात विशेष रूप से स्पष्ट होती है।

हमारे यहाँ सत्ताधारी लोग अक्सर स्वयं को सम्मानित करते हैं और 'भारतरत्न' भी इसका अपवाद नहीं है। राजीव गाँधी की कोई बड़ी उपलब्धियाँ नहीं थीं, लेकिन उन्हें यह पुरस्कार दिया गया, जैसे यह कोई पारिवारिक वस्तु हो, क्योंकि उनकी मां इंदिरा गाँधी को भी यह सम्मान दिया गया था। महात्मा गाँधी को नोबेल शांति पुरस्कार न दिये जाने की शिकायत तो भारत के लोग करते हैं, पर उन्हें 'भारतरत्न' नहीं दिये जाने पर कम ही सोचते हैं। इससे सम्मानित लोगों की सूची देखकर लगता है कि शायद यह ठीक ही हुआ है।

हाल ही में इस सम्मान को पाने वाले अटल बिहारी वाजपेयी खुद भी इन बातों को बहुत गंभीरता से नहीं लेते थे और उन्होंने अपने घुटनों का इलाज करने वाले डॉक्टर चित्तरंजन राणावत को देश का तीसरा बड़ा सम्मान पद्म भूषण दे दिया था। मेरी राय में हम एक राष्ट्र के रूप में इन सम्मानों को गंभीरता से नहीं लेते हैं। सैन्य बलों के साथ भी ऐसा ही है। सेना ने 1999 में 19 वर्षीय योगेंद्र यादव को मरणोपरांत अपना सर्वोच्च सम्मान 'परमवीर चक्र' दिया था। कुछ समय बाद ही पता चला कि हवलदार योगेंद्र यादव शहीद नहीं हुए हैं, बल्कि अस्पताल में उन जख्मों का इलाज करा रहे हैं, जिनके लिए उन्हें यह सम्मान दिया गया।

वाजपेयी एक अच्छे इंसान हैं, जिनका इरादा अक्सर अच्छा रहा है और वे उस पार्टी के सबसे पसंदीदा नेता हैं, जिसमें नापसंद किये जानेवाले कई हैं। उनसे पहले 'भारतरत्न' पानेवाले राजनेताओं की सूची देखते हुए उन्हें यह सम्मान दिये जाने से मुझे कोई परेशानी नहीं है।

मैं कुछ उन अलग तरह की चीजों की ओर ध्यान दिलाना चाहूँगा, जिन्हें उनके राजनीतिक जीवन का मूल्यांकन करते समय शायद छोड़ दिया जाये। अगले कुछ दशकों में लिखी जानेवाली वाजपेयी की कोई भी जीवनी (हालांकि, भारत के लोग जीवनी लिखने की कला में ज्यादा माहिर नहीं होते हैं), के शुरू में ही एक कड़वी सच्चाई का जिक्र किया जाना चाहिए। वाजपेयी और उनके सहयोगी लालकृष्ण आडवाणी ने एक ऐसे मुद्दे को हवा दी, जिसने उनकी पार्टी को तो लोकप्रिय बना दिया, लेकिन उसके कारण 3,000 भारतीय मारे गये। यह धारणा पूरी तरह फालतू है कि आडवाणी बुरे थे और वाजपेयी भले (उग्र और नरम), और यह बात इस तथ्य से साबित होती है कि सत्ता की दहलीज पर खड़े आडवाणी को अपने कदम पीछे खींचने पड़े थे।

बाबरी मसजिद आंदोलन के मुख्य प्रेरक वाजपेयी थे और नरेंद्र मोदी के भी वे कोई मुखर विरोधी नहीं थे। माना जाता है कि 2002 के दंगों से वाजपेयी आहत थे, लेकिन यह सच प्रतीत नहीं होता है। मोदी के बचाव में वाजपेयी के कथन का जिक्र करते हुए मनोज मित्ता ने अपनी किताब 'द फिक्शन ऑफ फैक्ट फाइंडिंग : मोदी एंड गोधरा' में लिखा है, 'मुसलिम जहाँ कहीं भी रहते हैं, वे दूसरों के साथ सह-अस्तित्व में रहना पसंद नहीं करते, दूसरों से मेंल-जोल बढ़ाना वे पसंद नहीं करते और अपनी विचारधारा को शांतिपूर्ण तरीके से प्रचारित करने के बजाय आतंक और धमकियों के सहारे अपनी आस्था को फैलाना चाहते हैं। दुनिया इस खतरे के प्रति सचेत हो चुकी है.. गुजरात में क्या हुआ? यदि साबरमती एक्सप्रेस के निर्दोष यात्रियों को जिंदा जलाये जाने का षडयंत्र नहीं रचा गया होता, तो इसके परिणामस्वरूप

गुजरात में हुई त्रासदी को रोका जा सकता था। लेकिन ऐसा नहीं हुआ। लोगों को जिंदा जलाया गया। इन सबका दोषी कौन था?' कोई इससे सहमत या असहमत हो सकता है, लेकिन हिंसा पर उनके विचार इस बयान से स्पष्ट हैं।

दूसरी बात यह कि हाल के दशकों में ऐसा समय केवल एक बार ही आया, जब 1998-99 में भारत में कुल विदेशी निवेश ऋणात्मक रहा यानी निवेशकों ने अपना पैसा देश से निकाल लिया। इसका कारण पोखरण में वाजपेयी का अभियान था, जिसका नकारात्मक असर भारत के विकास और रोजगार पर पड़ा और गरीबी बढ़ी। इसका कोई खास रणनीतिक फायदा भी नहीं दिखा। आखिर 1997 के मुकाबले हमारा देश आज अधिक सुरक्षित कैसे है?

वाजपेयी को इस नुकसान का अंदाजा होना चाहिए था, क्योंकि अनिश्चितता और हिंसा व विकास को परस्पर जोड़नेवाले आंकड़े स्पष्ट हैं। भारत में पर्यटन क्षेत्र का विकास धीमा रहा है और जब भी भाजपा और कांग्रेस जैसी प्रमुख पार्टियों ने शरारत की, देश में पर्यटन उद्योग को झटका लगा है। पर्यटन में ऋणात्मक विकास के वर्ष हैं: 1984, 1990 और 1991, 1993, 1998 और 2002. ये दिल्ली में दंगे, बाबरी मसजिद आंदोलन और उसके परिणामस्वरूप हुए दंगे, पोखरण और गुजरात दंगे के वर्ष हैं।

वाजपेयी के व्यक्तित्व का एक अन्य पहलू उनकी कविताएं हैं, जिस ओर आमतौर पर कम ध्यान दिया जाता है। उनकी कुछ पंक्तियां इस प्रकार हैं: 'पृथ्वी पर मनुष्य ही ऐसा प्राणी है जो भीड़ में अकेला, और, अकेले में भीड़ से घिरा अनुभव करता है क्या खोया क्या पाया जग में मिलते और बिछड़ते मग में मुझे किसी से नहीं शिकायत यद्यपि छला गया पग-पग में एक दृष्टि बीती पर डालें यादों की पोटली टटोलें।'

यदि आप इसे अटलजी के प्रभावशाली अंदाज में पढ़ें, तो शायद यह और भी बेहतर हो सकता था, पर मुझे इसमें संदेह है। कुछ वर्ष पहले ही एक साक्षात्कार के दौरान 'टाइम्स ऑफ इंडिया' के क्रेस्ट एडीशन ने वाजपेयी और नरेंद्र मोदी की कविताओं के बारे में मुझसे पूछा था। उस बात को दोहराने से बेहतर है कि उस रिपोर्ट का जिक्र किया जाये : 'पटेल ने कहा कि न तो मोदी और न ही वाजपेयी कोई कुशल कवि हैं। प्राकृतिक दुनिया के बारे में उन दोनों का पर्यवेक्षण कमजोर है। उनकी कविताएं साधारण हैं और उनमें गहराई नहीं है। मोदी की कविताएं वाजपेयी से कुछ हद तक बेहतर कही जा सकती हैं, क्योंकि वे अमूर्त विचारों को छूती हैं। वाजपेयी की कविताएं अकल्पनीय रूप से तुकबंदी और बोझिल हैं।' मैं अब भी मानता हूँ कि यही सच है।

मोदी विरोधी अटल के 'भारतरत्न' पर हुए एकजुट

पूर्व प्रधानमंत्री अटल बिहारी वाजपेयी को 'भारतरत्न' देने का कई शख्सियतों ने दिल खोलकर समर्थन किया है। नरेंद्र मोदी के धुर विरोधी और बिहार के पूर्व मुख्यमंत्री नीतीश कुमार ने भी अटल को 'भारतरत्न' देने का समर्थन किया। इसके साथ ही दुनियाँ के जाने-माने इकॉनमिस्ट और नोबेल अवॉर्ड से सम्मानित अमर्त्य सेन ने भी वाजपेयी को 'भारतरत्न' के फैसले का समर्थन किया है। अमर्त्य सेन भी मोदी विरोधी माने जाते हैं। जब बीजेपी ने नरेंद्र मोदी को पीएम कैंडिडेट घोषित किया था तब अमर्त्य सेन ने इस फैसले का खुलकर विरोध किया था।

नीतीश कुमार ने वाजपेयी को भारत देने की घोषणा के बाद कहा, अटलजी को 'भारतरत्न' यूपीए सरकार को ही दे देना चाहिए था। मैं वाजपेयी जी को 'भारतरत्न' देने जा जोरदार समर्थन करता हूँ। एनडीए सरकार में मंत्री रहते हुए मैंने वाजपेयी जी से बहुत कुछ सीखा। उनके व्यक्तित्व से हर कोई प्रभावित हो सकता है। दूसरी तरफ अमर्त्य सेन ने भी पूर्व प्रधानमंत्री अटल बिहारी वाजपेयी को भारतरत्न देने का समर्थन किया है। उन्होंने कहा कि वाजपेयी ने राजनीति में शासन कला को शिखर तक पहुँचाया। सेन ने कहा कि वाजपेयी इस सम्मान के लायक हैं क्योंकि वह कई मामलों में शानदार शासक रहे हैं।

अटल के सबसे भरोसेमंद राजनीतिक साथी लालकृष्ण आडवाणी ने भी भारतरत्न देने पर खुशी जाहिर की है। उन्होंने कहा कि वाजपेयी के जीवन में कोई धब्बा नहीं है और वह इसके लिए योग्य हैं। लालकृष्ण आडवाणी भी नरेंद्र मोदी को पीएम कैंडिडेट बनाने पर खुश नहीं थे। इन्होंने नाराज होकर पार्टी के सभी पदों से इस्तीफा दे दिया था। जेडीयू ने खुले मन से वाजपेयी को 'भारतरत्न' देना का समर्थन किया है। जेडीयू महासचिव केसी त्यागी ने कहा कि वाजपेयी को 'भारतरत्न' देने का फैसला स्वागत योग्य है। केसी त्यागी भी नरेंद्र मोदी पर तीखा हमला बोलते रहे हैं। मुस्लिम धर्म गुरु खालिद रशीद फिरंगी महली ने भी वाजपेयी की प्रशंसा करते हुए 'भारतरत्न' देने का समर्थन किया। फिरंगी ने कहा कि वाजपेयी का काम काबीले तारीफ रहा है। फिरंगी भी मोदी पर हमलावर रहे हैं।

अटल को भारतरत्न देने की माँग : 'भारतरत्न' पाने वाले दिग्गज

भारतीय जनता पार्टी ने अपने वरिष्ठ नेता अटल बिहारी वाजपेयी को भारतरत्न देने की माँग करते हुए कहा कि सरकार को जनकांक्षाओं और राजनीति तथा विकास के क्षेत्र में पूर्व प्रधानमंत्री के योगदान के मद्देनजर उन्हें सर्वोच्च नागरिक सम्मान प्रदान

करना चाहिये। गौरतलब है कि अटल बिहारी वाजपेयी आज अपना 87वां जन्मदिन मना रहे हैं।

भाजपा प्रवक्ता राजीव प्रताप रूडी ने कहा, 'आज पार्टी के कई वरिष्ठ नेताओं ने अटलजी को उनके जन्मदिन पर उनके आवास पर जाकर बधाई दी। इसके बाद पार्टी ने सरकार से अटलजी को 'भारतरत्न' देने की माँग करने का फैसला किया।'

उन्होंने कहा, 'अटलजी ने अपने योगदान के जरिये लोकतंत्र की एक व्यापक परिभाषा दी है और महान राष्ट्रवाद का परिचय दिया है। यही कारण है कि भाजपा महसूस करती है कि उन्हें सर्वोच्च नागरिक सम्मान मिलना चाहिये।'

रूडी ने कहा, 'हम सरकार से माँग करते हैं कि अटलजी के प्रति जनकांक्षाओं और राजनीति तथा देश के विकास के क्षेत्र में उनके बड़े योगदान को देखते हुए उन्हें 'भारतरत्न' दिया जाये।' यह पूछे जाने पर कि कुछ वर्ष पहले पार्टी के वरिष्ठ नेता लालकृष्ण आडवाणी ने भी प्रधानमंत्री मनमोहन सिंह को पत्र लिखकर इसी तरह की माँग की थी लेकिन माँग पर अब तक अमल नहीं होने के चलते क्या भाजपा कोई अभियान चलायेगी, पार्टी प्रवक्ता ने कहा, 'इसके लिये कोई अभियान चलाने की जरूरत नहीं है।'

रूडी ने कहा कि पूरे देश और इस लोकतंत्र का समूचा राजनीतिक तबका अटलजी के कद और उनके योगदान से वाकिफ है। हम उम्मीद करते हैं कि अटलजी ने जिस तरह की उदारवादी राजनीति की परंपरा स्थापित की, उसे देखते हुए सरकार दलगत राजनीति से ऊपर उठकर उन्हें 'भारतरत्न' देने की हमारी माँग को स्वीकार करेगी। इससे पहले, भाजपा के पूर्व अध्यक्ष राजनाथ सिंह, वरिष्ठ नेता जसवंत सिंह, शाहनवाज हुसैन और रूडी समेंत कई नेताओं ने अटलजी से उनके आवास पर जाकर मुलाकात की और उन्हें उनके 87वें जन्मदिन पर बधाई दी।

राजनाथ सिंह ने भी कहा कि पूर्व प्रधानमंत्री देश के प्रति अपने योगदान को लेकर 'भारतरत्न' पाने के हकदार बन गए हैं। उन्होंने कहा, 'देश के संसदीय लोकतंत्र में वाजपेयी के योगदान को कभी नहीं भुलाया जा सकता। मैं सरकार से उन्हें 'भारतरत्न' से सम्मानित करने का विनम्र अनुरोध करता हूँ।'

हुसैन ने कहा, 'हरेक को (उन्हें यह सम्मान दिये जाने की माँग के लिए) दलगत भावना से ऊपर उठना चाहिए।' जसवंत सिंह ने इस बात पर आभार व्यक्त किया कि वाजपेयी ने उन्हें अपने नेतृत्व में देश की सेवा करने का अवसर दिया था।

7

मूल्यांकन

8 मई, 1953 को दिल्ली स्टेशन पर धोती-कुर्ता पहने एक युवा कंबल में लिपटे अपने सामान को रेल के अनारक्षित डिब्बे में धकेल रहा था। वह डॉ। श्यामा प्रसाद मुखर्जी के समर्थन में जा रहा था, जिन्होंने कश्मीर में प्रवेश के लिए अनुमति लेने के खिलाफ तथा जम्मू-कश्मीर के भारत में पूर्ण विलय के समर्थन में अभियान छेड़ रखा था। यह युवक था डॉ. मुखर्जी का राजनीतिक सचिव अटल बिहारी वाजपेयी। 10 मई, 1953 को बिना अनुमति के जम्मू-कश्मीर सीमा में प्रवेश करते समय डॉ। मुखर्जी को गिरफ्तार कर लिया गया और उन्हें श्रीनगर जेल भेज दिया गया। उन्होंने वाजपेयी को दिल्ली वापस भेजा, ताकि वे पार्टी कार्यकर्ताओं को एकजुट कर सकें। उन्होंने संदेश दिया - एक देश में दो विधान, दो प्रधान और दो निशान नहीं चलेंगे।

श्रीनगर जेल में संदिग्ध हालात में डॉ। मुखर्जी की 23 जून, 1953 को मौत हो गई। अब युवा वाजपेयी अपने नेता का संदेश जन-जन तक पहुँचाने में जुट गए। दूसरे आम चुनाव में उत्तर प्रदेश के बलरामपुर से अटल बिहारी वाजपेयी लोकसभा के लिए चुन लिए गए। लोकसभा में उनके ओजस्वी और धाराप्रवाह भाषण से प्रधानमंत्री जवाहरलाल नेहरू समेंत तमाम राजनेता उनके मुरीद हो गए। एक विदेशी प्रतिनिधिमंडल से वाजपेयी को मिलवाते हुए नेहरू ने कहा था कि यह नौजवान एक दिन देश का प्रधानमंत्री बनेगा।

8 अप्रैल 1964 को जब नेशनल कांफ्रेंस के नेता शेख अब्दुल्ला को सरकार ने नजरबंदी से मुक्त कर दिया और उन्हें पाक के कब्जे वाले कश्मीर में जाने की अनुमति दे दी तो अटल बिहारी वाजपेयी ने नेहरू का कड़ा विरोध किया, किंतु 27 मई को नेहरू के निधन पर उन्होंने राजनीतिक विरोध को किनारे करते हुए उन्हें भावभीनी श्रद्धांजलि भी दी। वाजपेयी के व्यक्तित्व की यह अनोखी खूबी है।

अटल बिहारी वाजपेयी 47 साल तक संसद के सदस्य रहे। 10 बार लोकसभा में निर्वाचित हुए और दो बार राज्यसभा में। वे उत्तर प्रदेश के लखनऊ से छह बार लगातार लोकसभा के लिए निर्वाचित हुए। किंतु करीब पांच दशक के इस सक्रिय राजनीतिक जीवन में कभी भी उनके दिमाग से कश्मीर का मुद्दा नहीं निकला। वे जवाहरलाल नेहरू की कश्मीर नीति के कटु आलोचक थे। अपने दिल के उद्गारों को कविताओं में अभिव्यक्त करते थे। अपने भाषणों में अक्सर इन कविताओं का इस्तेमाल करते थे। उन्हें यह प्रतिभा अपने पिता कृष्ण बिहारी वाजपेयी से विरासत में मिली थी। वे बचपन से ही कविता लिखने लगे थे और अपने पिता के साथ कवि सम्मेंलनों में जाया करते थे। मेंरी इक्यावन कविताएं" शीर्षक से उनका कविता संग्रह बड़ा लोकप्रिय हुआ। 'अंतर्नाद' शीर्षक से उनकी कविताओं का एक एलबम भी तैयार हुआ था।

1977 में जनता पार्टी की सरकार में वाजपेयी विदेशमंत्री बने तो पड़ोसी देशों से दोस्ताना संबंध कायम किए। उनकी प्रसिद्ध उक्ति है - आप अपने दोस्त तो बदल सकते हैं, पड़ोसी नहीं।" यह उक्ति भारत की विदेश नीति का सूत्र-वाक्य बन गई। वाजपेयी का मानना है कि पाकिस्तान के साथ जम्मू-कश्मीर समेंत तमाम मुद्दों का हल आपसी बातचीत से निकाला जा सकता है। इसमें किसी तीसरे पक्ष की आवश्यकता नहीं है। पोखरण में सफल परमाणु परीक्षण ऑपरेशन शक्ति अटलजी का सामरिक मास्टर स्ट्रोक था। उन्होंने परमाणु हथियारों का इस्तेमाल महाविनाश के बजाय आत्मरक्षा के लिए करने की बात कही। इसी के साथ उन्होंने भारत को विश्व के परमाणु विशिष्ट क्लब में शामिल करा दिया। लाहौर के गवर्नर हाउस में अटल बिहारी वाजपेयी के भाषण को सुनने के बाद पाकिस्तान के प्रधानमंत्री नवाज शरीफ के मुँह से निकला था - वाजपेयी साहब, अब तो आप पाकिस्तान में भी चुनाव जीत सकते हैं।

जम्मू-कश्मीर में इंसानियत, जम्हूरियत और कश्मीरियत के रूप में अटल बिहारी वाजपेयी के शांति, प्रगति और समृद्धि के पैगाम का कश्मीर के सभी वर्गों ने स्वागत किया। कारगिल युद्ध, कंधार कांड, भारत की संसद पर हमले जैसी बाधाओं

के बावजूद वाजपेयी ने शांति प्रक्रिया को पटरी से नहीं उतरने दिया। उपमहाद्वीप में शांति की स्थापना के मद्देनजर उनकी सरकार ने विश्वास बहाली के उपाय जारी रखे। और अब नरेंद्र मोदी ने दक्षिण एशिया को आतंकवाद से मुक्त करने के वाजपेयी के सपने को पूरा करने का बीड़ा उठाया है। वाजपेयी के जन्मदिवस को सुशासन दिवस के रूप में मनाना उनका असल सम्मान है। यह उनके विराट व्यक्तित्व का ही प्रभाव है कि उन्हें भारतरत्न देने की घोषणा का सभी दलों ने स्वागत किया है।

अटल बिहारी वाजपेयी का व्यक्तित्व ऐसा है कि विरोधी भी उनकी प्रशंसा करते हैं और उनकी प्रभावी भाषण कला के मुरीद हैं। उनके नेतृत्व में पहली बार भाजपा राजग के गठबंधन के साथ सत्ता में आई थी। वह भाजपा के पहले प्रधानमंत्री हैं।

वह ऐसे पहले पीएम हैं, जिन्होंने पहली बार संयुक्त राष्ट्र की महासभा में हिंदी में भाषण दिया था। भाजपा के संस्थापक सदस्यों में शामिल वाजपेयी पहली बार यूपी के बलरामपुर सीट से लोकसभा पहुँचे थे। संसदीय राजनीति में अपने व्यक्तित्व से वह अलग पहचान बनाने में सफल रहे।

द्वितीय महायुद्ध के दौरान अटल बिहारी वाजपेयी गोरखपुर में संघ की शाखा में पहुँचे। वहीं पर नानाजी देशमुख से उनका परिचय हुआ। बाद में वे संघ से प्रकाशित होने वाले राष्ट्रधर्म मासिक और 'पांचजन्य' साप्ताहिक के संपादक भी रहे। 1951 में जनसंघ का जन्म हुआ।

इसी दौरान डॉक्टर श्यामाप्रसाद मुखर्जी का उत्तर प्रदेश दौरा था। पत्रकार होने के नाते वाजपेयी भी साथ में थे। डॉक्टर मुखर्जी के पहुँचने में विलंब होने के कारण सभा में आए लोगों को जमाए रखने के लिए वाजपेयी से कहा गया।

इस दौरान उनकी अद्भुत भाषण शैली से लोग मंत्रमुग्ध हो गए। डॉक्टर मुखर्जी ने कश्मीर आंदोलन के प्रारंभ में ही कश्मीर प्रवेश कर सत्याग्रह करने का निश्चय लिया। उनका जेल जाना तय था।

संपूर्ण देश में कश्मीर आंदोलन का संदेश पहुँचाना जरूरी थी। इसके लिए वाजपेयी को डॉक्टर मुखर्जी का निजी सचिव बनाया गया। इस प्रकार अटल पत्रकार से राजनीतिज्ञ बने।

जिंदगी के तौर-तरीके अजीब हैं। मिसाल के तौर पर किसने सोचा था कि अपनी भाषण शैली से श्रोताओं को मंत्रमुग्ध कर देने वाले अटल बिहारी वाजपेयी अपने जीवन के संध्याकाल में मानों मूक होकर रह जाएंगे। लगभग ग्यारह साल पहले अटलजी को लोकसभा चुनाव में भाजपा की हार के बाद प्रधानमंत्री पद छोड़ना पड़ा

था। उसके बाद से एक अरसे से वे सार्वजनिक दृश्य से दूर हैं। इसके बावजूद यह आश्चर्य की बात है कि देश के सामूहिक अवचेतन से वे कभी दूर नहीं हुए। आज भी उनका नाम सम्मान के साथ लिया जाता है, केवल भाजपा नेताओं द्वारा ही नहीं, बल्कि विपक्ष के नेताओं द्वारा भी। उनके द्वारा गढ़े गए "गठबंधन-धर्म" और "राजधर्म" जैसे शब्द हमारे राजनीतिक शब्दकोश का हिस्सा बन चुके हैं। जम्मू-कश्मीर के बारे में कश्मीरियत, जम्हूरियत और इंसानियत" के सिद्धांत को अपनाने की उनकी बात को हाल ही में प्रधानमंत्री नरेंद्र मोदी ने भी दोहराया था।

आखिर क्या कारण है कि राजनेताओं की भीड़ के बीच अटलजी देश के लिए एक खास मुकाम रखते हैं? क्या कारण है कि स्वतंत्रता के बाद के अग्रणी राजनेताओं में उनकी गणना की जाती है? और क्या कारण है कि जब उन्हें भारतरत्न प्रदान किया गया तो विभिन्न विचारधाराओं के राजनीतिक दलों द्वारा इसका स्वागत किया गया? पूछा तो यह भी गया कि अटलजी को यह पुरस्कार देने में इतनी देरी क्यों हो गई। इसमें कोई शक नहीं कि दस साल तक देश पर राज करने वाली कांग्रेसनीति यूपीए सरकार ने अटलजी को 'भारतरत्न' देकर देश की सद्भावना अर्जित करने का एक बहुमूल्य अवसर गंवा दिया। जनवरी 2008 में लालकृष्ण आडवाणी ने तत्कालीन प्रधानमंत्री डॉ। मनमोहन सिंह को पत्र लिखकर उनके समक्ष प्रस्ताव रखा था कि अटलजी को 'भारतरत्न' दिया जाए। यहाँ मैं यह भी उल्लेख करना चाहूँगा कि पिछले साल जब मेंरी डॉ. सिंह से रेसकोर्स रोड स्थित उनके कार्यालय पर भेंट हुई तो मैंने भी उनके समक्ष यह सुझाव रखा था। डॉ. सिंह ने मुझसे कहा था कि अटलजी निश्चित ही 'भारतरत्न' का सम्मान पाने के योग्य हैं, लेकिन...। जाहिर है, वे यह निर्णय खुद नहीं ले सकते थे!

इसकी तुलना अगर हम अटलजी के जीवन से करें तो पाएंगे कि व्यापक राष्ट्रीय महत्व के मामलों में उन्होंने हमेंशा पार्टीहित पर राष्ट्रहित को तरजीह दी थी। इसकी पुष्टि के लिए अनेक उदाहरण दिए जा सकते हैं, लेकिन यहाँ केवल तीन ही काफी होंगे। पहला यह कि वर्ष 1964 में पं. नेहरू की मृत्यु होने पर अटलजी ने राजनीतिक मतभेद होने के बावजूद जिन शब्दों में राज्यसभा में उन्हें शोकांजलि अर्पित की थी, उसकी कोई मिसाल नहीं है। दूसरा अवसर तब आया, जब वर्ष 1971 की लड़ाई में भारत द्वारा जीत हासिल करने के बाद अटलजी ने इंदिरा गाँधी की मुक्तकंठ से सराहना की थी। अटलजी की राजनीतिक परिपक्वता का तीसरा उदाहरण यह है कि वर्ष 1991 में जब देश आर्थिक रूप से लगभग दिवालिया होने की कगार पर था और प्रधानमंत्री पी.वी. नरसिंहराव ने अपने वित्त मंत्री डॉ. मनमोहन

सिंह को आर्थिक सुधारों की तैयारी करने को कहा था, तब अटलजी ने विपक्ष के नेता होने के बावजूद इस निर्णय का समर्थन किया था, क्योंकि वे जानते थे कि यह फैसला वक्त की माँग है और देशहित में है।

अटलजी से बातें करते हुए मुझे उनके व्यक्तित्व की यह खूबी नजर आई कि उनमें किसी भी परिस्थिति में सच को अनेक आयामों से देखने की अद्भुत क्षमता है। उनकी विचार-प्रणाली में जड़ता नहीं थी और वे चीजों को पार्टी के चश्में से नहीं देखते थे। उनके इसी गुण के कारण राजनीति में उन्हें "अजातशत्रु" माना जाता था यानी वह व्यक्ति, जिसका कोई शत्रु न हो। जब वे संसद में बोलने के लिए खड़े होते थे, तो पूरा सदन दम साधे उनकी बात सुनता था। इसका कारण केवल यही नहीं था कि वे एक अद्भुत वक्ता थे, बल्कि यह भी कि उन्हें समूचे राजनीतिक वर्ग का सम्मान प्राप्त था।

अटलजी इस बात को समझते थे कि भारत विविधताओं का देश है और यहाँ पर एक संकीर्ण दृष्टिकोण के साथ आगे नहीं बढ़ा जा सकता। वर्ष 1998 से 2004 तक राजग सरकार उन्होंने विकास और सुशासन के मंत्र के आधार पर ही चलाई थी। उनके प्रधानमंत्रित्वकाल के वे छह साल आज भी राष्ट्रीय सुरक्षा और आर्थिक विकास की दृष्टि से एक महत्वपूर्ण कालखंड माने जाते हैं। अटलजी के कार्यकाल की सबसे बड़ी उपलब्धि यह थी कि उन्होंने देश को आत्मगौरव और आत्मविश्वास प्रदान किया। जब मैं पीएमओ में काम कर रहा था, तब एक शीर्ष व्यवसायी ने मुझसे कहा था कि पहले जब वे अमेरिका या यूरोप जाते थे तो उन देशों के लोग ऐसा जताते थे, मानो हमसे मिलकर वे हम पर अहसान कर रहे हों। लेकिन अब वे स्वयं हमसे मिलने का अनुरोध करते हैं। अब हम उनकी आँखों में आंखें डालकर बात कर सकते हैं।

अगर भाजपा को नरेंद्र मोदी के नेतृत्व में सफलता व स्थायित्व के साथ सरकार चलाना है तो उसे अटलजी की उदारता और समावेश की नीति का ही पालन करना होगा। मोदी को भले ही 1996, 1998 और 1999 में अटलजी को मिले जनादेश की तुलना में अधिक प्रभावी व निर्णायक जनादेश मिला हो, लेकिन उन्हें अटलजी को ही अपना रोल मॉडल बनाना चाहिए। और अटलजी की तरह उन्हें सर्वसम्मति के आधार पर अपनी सरकार चलानी चाहिए।

अटलजी अब भले ही बोल नहीं पाते हों, लेकिन देशवासियों पर उनका प्रभाव पहले की तरह कायम है। कारण है उनकी दूरदृष्टिपूर्ण बुद्धिमत्ता, उनके अनुभवों की अपार संपदा, उनकी विनम्रता, उदारता और अद्भुत वक्तृता। यहाँ मुझे उनकी ये

पंक्तियां याद आ रही हैं : हे प्रभो, "मुझे इतनी ऊँचाई कभी ना देना। अपनों से दूर हो जाऊं, इतनी रुखाई कभी ना देना।" ऐसे राजनेता विरले ही होते हैं, जिनमें इतनी विनम्रता हो। मुझे छह साल तक उनके साथ काम करने का सौभाग्य मिला है और अपने अनुभव से मैं जानता हूँ कि अटलजी के यही वे गुण हैं, जिनके कारण वे आज भी देश के जनमानस में बसे हैं।

श्री अटलबिहारी वाजपेयी

श्री अटल बिहारी वाजपेयी 16 से 31 मई, 1996 और दूसरी बार 19 मार्च, 1998 से 13 मई, 2004 तक भारत के प्रधानमंत्री रहे।

श्री वाजपेयी के पास 40 वर्षों से अधिक का एक लम्बा संसदीय अनुभव है। वे 1957 से सांसद रहे हैं। वे पांचवी, छठी और सातवीं लोकसभा तथा फिर दसवीं, ग्यारहवीं, बारहवीं तेरहवीं और चौदहवीं लोकसभा के लिए चुने गए और सन् 1962 तथा 1986 में राज्यसभा के सदस्य रहे। वे लखनऊ (उत्तरप्रदेश) से लगातार पांच बार लोकसभा सांसद चुने गए। वे ऐसे अकेले सांसद हैं जो अलग-अलग समय पर चार विभिन्न राज्यों-उत्तर प्रदेश, गुजरात, मध्य प्रदेश तथा दिल्ली से निर्वाचित हुए हैं।

वे राष्ट्रीय जनतांत्रिक गठबन्धन जो देश के विभिन्न क्षेत्रों की विभिन्न पार्टियों का एक चुनाव-पूर्व गठबन्धन है और जिसे तेरहवीं लोकसभा के निर्वाचित सदस्यों का पूर्ण समर्थन और सहयोग हासिल है, के नेता चुने गए। श्री वाजपेयी भाजपा संसदीय पार्टी जो बारहवीं लोकसभा की तरह तेरहवीं लोकसभा में भी अकेली सबसे बड़ी पार्टी के रूप में उभरी है, के निर्वाचित नेता रहे हैं।

उन्होंने विक्टोरिया (अब लक्ष्मीबाई) कॉलेज, ग्वालियर और डी.ए.वी. कॉलेज, कानपुर (उत्तरप्रदेश) से शिक्षा प्राप्त की। श्री वाजपेयी ने एम.ए. (राजनीति विज्ञान) की डिग्री हासिल की है तथा उन्होंने अनेक साहित्यिक, कलात्मक और वैज्ञानिक उपलब्धियाँ अर्जित की हैं। उन्होंने राष्ट्रधर्म (हिन्दी मासिक), पांचजन्य (हिन्दी साप्ताहिक) और स्वदेश तथा वीर अर्जुन दैनिक समाचार-पत्रों का संपादन किया। उनकी प्रकाशित पुस्तकें हैं-"मेंरी संसदीय यात्रा"(चार भागों में) "मेंरी इक्यावन कविताएँ" "संकल्प काल" "शक्ति से शांति" और "संसद में चार दशक" (तीन भागों में भाषण), 1957-95 "लोकसभा में अटलजी" (भाषणों का एक संग्रह) "मृत्यु या हत्या" "अमर बलिदान" "कैदी कविराज की कुंडलियाँ"(आपातकाल के दौरान जेल में लिखीं कविताओं का एक संग्रह) "भारत की विदेश नीति के नये आयाम"(वर्ष

1977 से 1979 के दौरान विदेश मंत्री के रूप में दिए गए भाषणों का एक संग्रह) "जनसंघ और मुसलमान" "संसद में तीन दशक" (हिन्दी) (संसद में दिए गए भाषण 1957-1992-तीन भाग) और "अमर आग है" (कविताओं का संग्रह),1994।

श्री वाजपेयी ने विभिन्न सामाजिक और सांस्कृतिक गतिविधियों में हिस्सा लिया है। वे सन् 1961 से राष्ट्रीय एकता परिषद् के सदस्य रहे हैं। वे कुछ अन्य संगठनों से भी सम्बद्ध रहे हैं; जैसे-(1) अध्यक्ष, ऑल इंडिया स्टेशन मास्टर्स एंड असिस्टेंट मास्टर्स एसोसिएशन (1965-70) (2) पंडित दीनदयाल उपाध्याय स्मारक समिति (1968-84) (3) दीनदयाल धाम, फराह, मथुरा (उत्तर प्रदेश) और (4) जन्मभूमि स्मारक समिति, (1969 से)

पूर्ववर्ती जनसंघ के संस्थापक-सदस्य (1951), अध्यक्ष, भारतीय जनसंघ (1968-73), जनसंघ संसदीय दल के नेता (1955-77) तथा जनता पार्टी के संस्थापक-सदस्य (1977-80), श्री वाजपेयी भारतीय जनता पार्टी के अध्यक्ष (1980-86) और भाजपा संसदीय दल के नेता (1980-1984,1986 तथा 1993-1996) रहे। वे ग्यारहवीं लोकसभा के पूरे कार्यकाल तक प्रतिपक्ष के नेता रहे। इससे पहले वे 24 मार्च 1977 से लेकर 28 जुलाई, 1979 तक मोरारजी देसाई सरकार में भारत के विदेश मंत्री रहे।

पंडित जवाहरलाल नेहरु की शैली के राजनेता के रुप में देश और विदेश में अत्यंत सम्मानित श्री वाजपेयी के प्रधानमंत्री के रुप में 1998-99 के कार्यकाल को "साहस और दृढ़-विश्वास का एक वर्ष" के रूप में बताया गया है। इसी अवधि के दौरान भारत ने मई 1998 में पोखरण में कई सफल परमाणु परीक्षण करके चुनिन्दा राष्ट्रों के समूह में स्थान हासिल किया। फरवरी 1999 में पाकिस्तान की बस यात्रा का उपमहाद्वीप की बाकी समस्याओं के समाधान हेतु बातचीत के एक नये युग की शुरुआत करने के लिए व्यापक स्वागत हुआ। भारत की निष्ठा और ईमानदारी ने विश्व समुदाय पर गहरा प्रभाव डाला। बाद में जब मित्रता के इस प्रयास को कारगिल में विश्वासघात में बदल दिया गया, तो भारत भूमि से दुश्मनों को वापिस खदेड़ने में स्थिति को सफलतापूर्वक सम्भालने के लिए भी श्री वाजपेयी की सराहना हुई। श्री वाजपेयी के 1998-99 के कार्यकाल के दौरान ही वैश्विक मन्दी के बाबजूद भारत ने 5.8 प्रतिशत सकल घरेलू उत्पाद (जीडीपी) की वृद्धि दर हासिल की जो पिछले वर्ष से अधिक थी। इसी अवधि के दौरान उच्च कृषि उत्पादन और विदेशी मुद्रा भण्डार जनता की जरुरतों के अनुकूल अग्रगामी अर्थव्यवस्था की सूचक थी। "हमें तेजी से विकास करना होगा। हमारे पास और कोई दूसरा विकल्प नहीं है" वाजपेयीजी का

नारा रहा है जिसमें विशेषकर गरीब ग्रामीण लोगों को आर्थिक रुप से मजबूत बनाने पर बल दिया गया है। ग्रामीण अर्थव्यवस्था को मजबूत बनाने, सुदृढ़ आधारभूत-ढाँचा तैयार करने और मानव विकास कार्यक्रमों को पुनर्जीवित करने हेतु उनकी सरकार द्वारा लिए गये साहसिक निर्णय ने भारत को 21वीं सदी में एक आर्थिक शक्ति बनाने के लिए अगली शताब्दी की चुनौतियों से निपटने हेतु एक मजबूत और आत्म-निर्भर राष्ट्र बनाने के प्रति उनकी सरकार की प्रतिबध्दता को प्रदर्शित किया। 52वें स्वतंत्रता दिवस के अवसर पर लालकिले की प्राचीर से बोलते हुए उन्होंने कहा था, "मेंरे पास भारत का एक सपना हैः एक ऐसा भारत जो भूखमरी और भय से मुक्त हो, एक ऐसा भारत जो निरक्षरता और अभाव से मुक्त हो।"

श्री वाजपेयी ने संसद की कई महत्वपूर्ण समितियों में कार्य किया है। वे सरकारी आश्वासन समिति के अध्यक्ष (1966-67), लोक लेखा समिति के अध्यक्ष (1967-70), सामान्य प्रयोजन समिति के सदस्य (1986), सदन समिति के सदस्य और कार्य-संचालन परामर्शदायी समिति, राज्य सभा के सदस्य (1988-90), याचिका समिति, राज्य सभा के अध्यक्ष (1990-91), लोक लेखा समिति, लोक सभा के अध्यक्ष (1991-93), विदेश मामलों की स्थायी समिति के अध्यक्ष (1993-96) रहे।

श्री वाजपेयी ने स्वतंत्रता संघर्ष में हिस्सा लिया और वे 1942 में जेल गये। उन्हें 1975-77 में आपातकाल के दौरान बन्दी बनाया गया था।

व्यापक यात्रा कर चुके श्री वाजपेयी अंतर्राष्ट्रीय मामलों, अनुसूचित जातियों के उत्थान, महिलाओं और बच्चों के कल्याण में गहरी रुचि लेते रहे हैं। उनकी कुछ विदेश यात्राओं में ये शामिल हैं- संसदीय सद्भावना मिशन के सदस्य के रूप में पूर्वी अफ्रीका की यात्रा, 1965, आस्ट्रेलिया के लिए संसदीय प्रतिनिधिमंडल 1967, यूरोपियन पार्लियामेंट, 1983, कनाडा 1987, कनाडा में हुई राष्ट्रमंडल संसदीय संघ की बैठकों में भाग लेने हेतु भारतीय प्रतिनिधिमंडल 1966 और 1984, जाम्बिया, 1980, इस्ले आफ मैन, 1984, अंतर-संसदीय संघ सम्मेंलन, जापान में भाग लेने हेतु भारतीय प्रतिनिधिमंडल, 1974, श्रीलंका, 1975, स्वीट्ज़रलैंड 1984, संयुक्त राष्ट्र महासभा के लिए भारतीय प्रतिनिधिमंडल, 1988, 1990, 1991, 1992, 1993 और 1994 और मानवाधिकार आयोग सम्मेंलन, जेनेवा में भाग लेने हेतु भारतीय प्रतिनिधिमंडल के नेता, 1993।

श्री वाजपेयी को उनकी राष्ट्र की उत्कृष्ट सेवाओं के लिए वर्ष 1992 में पद्म विभूषण दिया गया। उन्हें 1994 में लोकमान्य तिलक पुरस्कार तथा सर्वोत्तम सांसद के लिए 'भारतरत्न' पंडित गोविन्द बल्लभपंत पुरस्कार भी प्रदान किया गया। इससे

पहले, वर्ष 1993 में उन्हें कानपुर विश्वविद्यालय द्वारा फिलॉस्फी की मानद डाक्टरेट उपाधि प्रदान की गई।

श्री वाजपेयी काव्य के प्रति लगाव और वाक्पटुता के लिए जाने जाते हैं और उनका व्यापक सम्मान किया जाता है। श्री वाजपेयीजी पुस्तकें पढ़ने के बहुत शौकीन हैं। वे भारतीय संगीत और नृत्य में भी काफी रुचि लेते हैं।

निम्नलिखित पदों पर आसीन रहे—

1951 - भारतीय जनसंघ के संस्थापक-सदस्य

1957 - दूसरी लोकसभा के लिए निर्वाचित

1957-77 - भारतीय जनसंघ संसदीय दल के नेता

1962 - राज्यसभा के सदस्य

1966-67 - सरकारी आश्वासन समिति के अध्यक्ष

1967 - चौथी लोकसभा के लिए पुनः निर्वाचित (दूसरी बार)

1967-70 - लोक लेखा समिति के अध्यक्ष

1968-73 - भारतीय जनसंघ के अध्यक्ष

1971 - पाँचवीं लोकसभा के लिए पुनः निर्वाचित (तीसरी बार)

1977 - छठी लोकसभा के लिए पुनः निर्वाचित (चौथी बार)

1977-79 - केन्द्रीय विदेशमंत्री

1977-80 - जनता पार्टी के संस्थापक सदस्य

1980 - सातवीं लोकसभा के लिए पुनः निर्वाचित (पाँचवीं बार)

1980-86 - भारतीय जनता पार्टी के अध्यक्ष

1980-84, 1986 और 1993-96 - भाजपा संसदीय दल के नेता

1986 - राज्यसभा के सदस्य सामान्य प्रयोजन समिति के सदस्य

1988-90 - आवास समिति के सदस्य कार्य-संचालन सलाहकार समिति के सदस्य

1990-91 - याचिका समिति के अध्यक्ष

1991 - दसवीं लोकसभा के लिए पुनः निर्वाचित (छठी बार)

1991-93 - लोक-लेखा समिति के अध्यक्ष

1993-96 - विदेश मामलों सम्बन्धी समिति के अध्यक्ष लोकसभा में प्रतिपक्ष के नेता

1996 - ग्यारहवीं लोकसभा के लिए पुनः निर्वाचित (सातवीं बार)

16 मई 1996 - 31 मई 1996 - तक-भारत के प्रधानमंत्रीय विदेशमंत्री और

इन मंत्रालयों विभागों के प्रभारी मंत्री-रसायन तथा उर्वरक नागरिक आपूर्ति, उपभोक्ता मामले और सार्वजनिक वितरण कोयला वाणिज्य संचार पर्यावरण और वनय खाद्य प्रसंस्करण उद्योग मानव संसाधन विकास श्रम खान गैर-परम्परागत ऊर्जा स्रोत लोक शिकायत एवं पेंशन पेट्रोलियम और प्राकृतिक गैस योजना तथा कार्यक्रम कार्यान्वयन विद्युत रेलवे, ग्रामीण क्षेत्र और रोजगार विज्ञान तथा प्रौद्योगिकी इस्पात भूतल परिवहन कपड़ा जल संसाधन परमाणु ऊर्जा इलेक्ट्रॉनिक्स जम्मू व कश्मीर मामले समुन्द्री विकास अंतरिक्ष और किसी अन्य केबिनेट मंत्री को आबंटित न किए गए अन्य विषय।

1996-97 - प्रतिपक्ष के नेता, लोकसभा

1997-98 - अध्यक्ष, विदेश मामलों सम्बन्धी समिति

1998 - बारहवीं लोकसभा के लिए पुनः निर्वाचित (आठवीं बार)

1998-99 - भारत के प्रधानमंत्री विदेश मंत्री किसी मंत्री को विशिष्ट रूप से आबंटित न किए गए मंत्रालयों विभागों का भी प्रभार

1999 - तेरहवीं लोकसभा के लिए पुनः निर्वाचित (नौवीं बार)

13 अक्टूबर 1999 से 13 मई 2004 - तक-भारत के प्रधानमंत्री और किसी मंत्री को विशिष्ट रूप से आबंटित न किए गए मंत्रालयों विभागों का भी प्रभार

2004 - चौदहवीं लोकसभा के लिए पुनः निर्वाचित (दसवीं बार)

8

अटल बिहारी वाजपेयी के अनमोल विचार

Quote 1: Global interdependence today means that economic disasters in developing countriesa could create a backlash on developed countriesa.

In Hindi: आज वैश्विक निर्भरता का अर्थ यह है कि विकासशील देशों में आई आर्थिक आपदाएं विकसित देशों में संकट ला सकती हैं।

Quote 2: In the euphoria after the Cold War, there was a misplaced notion that the UN could solve every problem anywhereA

In Hindi: शीत युद्ध के बाद आये उत्साह में एक गलत धारणा बन गयी की संयुक्त राष्ट्र कहीं भी कोई भी समस्या हल कर सकता है ।

Quote 3: No state should be allowed to profesas partnership with the global coalition against terror, while continuing to aid, abet and sponsor terrorism.

In Hindi: किसी भी मुल्क को आतंकवाद के खिलाफ वैश्विक साझदारी का हिस्सा होने का ढोंग नहीं करना चाहिये, जबकि वो आतंकवाद को बढ़ाने, उकसाने, और प्रायोजित करने में लगा हुआ हो।

Quote 4: Our nuclear weapons are meant purely as a deterrent against nuclear adventure by an adversary.

In Hindi: हमारे परमाणु हथियार विशुद्ध रूप से किसी विरोधी के परमाणु हमले को हतोत्साहित करने के लिए हैं।

Quote 5: People who ask us when we will hold talks with Pakistan are perhaps not aware that over the last 55 years, every initiative for a dialogue with Pakistan has invariably come from India.

In Hindi: जो लोग हमसे पूछते हैं कि हम कब पाकिस्तान से वार्ता करेंगे वो शायद वे नहीं जानते कि पिछले 55 सालों में पाकिस्तान से बातचीत करने के सभी प्रयत्न भारत की तरफ से ही आये हैं।

Quote 6: Poverty is multidimensionalA It extends beyond money incomesa to education, health care, political participation and advancement of one*s own culture and social organisation.

In Hindi: गरीबी बहुआयामी है। यह हमारी कमाई के अलावा स्वास्थ्य, राजनीतिक भागीदारी, और हमारी संस्कृति और सामाजिक संगठन की उन्नति पर भी असर डालती है।

Quote 7: The Bio-diversity Convention has not yielded any tangible benefits to the world's poor.

In Hindi: जैव बिबिधता कन्वेंशन ने विश्व के गरीबों को कोई ठोस लाभ नहीं पहुँचाया है।

Quote 8: The overwhelming public sentiment in India was that no meaningful dialogue can be held with Pakistan until it abandons the use of terrorism as an instrument of its foreign policy.

In Hindi: भारत में भारी जन भावना थी कि पाकिस्तान के साथ तब तक कोई सार्थक बातचीत नहीं हो सकती जब तक कि वो आतंकवाद का प्रयोग अपनी विदेशी नीति के एक साधन के रूप में करना नहीं छोड़ देता।

Quote 9: The reality is that international institutions like the UN can only be as effective as its members allow it to be.

In Hindi: वास्तविकता ये हैं कि यू एन जैसे अंतर्राष्ट्रीय संगठन उतने ही कारगर हो सकते हैं जितना की उनके सदस्य उन्हें होने की अनुमति दें ।

Quote 10: The UN*s unique legitimacy flows from a universal perception that it pursuesa a larger purpose than the interesats of one country or a small group of countriesa.

In Hindi: संयुक्त राष्ट्र की अद्वितीय वैधता इस सार्वभौमिक धारणा में निहित है कि वह किसी विशेष देश या देशों के समूह के हितों की तुलना में एक बड़े उद्देश्य के लिए काम करता है।

Quote 11: There was an implicit conviction that the UN would be stronger than the sum of its constituent member-statesa.

In Hindi: पहले एक अन्तर्निहित दृढ़ विश्वास था कि संयुक्त राष्ट्र अपने घटक राज्यों की कुल शक्ति की तुलना में अधिक शक्तिशाली होगा।

Quote 12: We believe that the United Statesa and the resat of the international community can play a useful role by exerting influence on Pakistan to put a permanent and visible end to cross-border terrorism against India.

In Hindi: हम मानते हैं कि संयुक्त राज्य अमेंरिका और बाकी अंतर्राष्ट्रीय समुदायो पाकिस्तान पर भारत के खिलाफ सीमा पार आतंकवाद को हमेंशा के लिए खत्म करने का दबाव बना सकते हैं।

Quote 13: We hope the world will act in the spirit of enlightened self-interesat.

In Hindi: हम उम्मीद करते हैं की विश्व प्रबुद्ध स्वार्थ की भावना से काम करेगा।

Quote 14: You can change friends but not neighbours.

In Hindi: आप मित्र बदल सकते हैं पर पडोसी नहीं।